秦封泥概論

云鹤题

中国艺术研究院研究生院博士生导师
张荣庆题名

中国艺术研究院中国篆刻艺术院名誉院长、西泠印社副社长韩天衡题词

中国艺术研究院中国篆刻艺术院院长骆芃芃题词

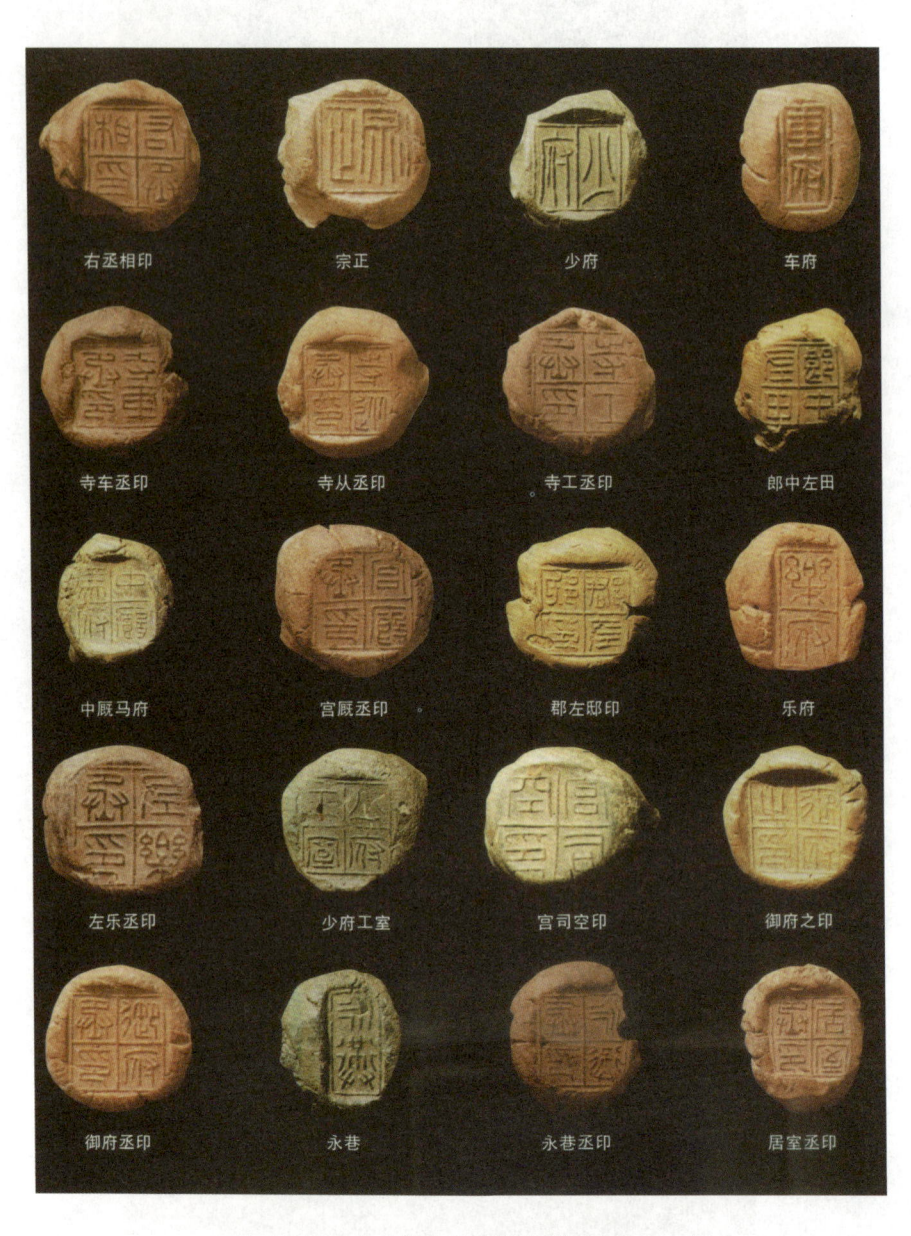

右丞相印	宗正	少府	车府
寺车丞印	寺从丞印	寺工丞印	郎中左田
中厩马府	宫厩丞印	郡左邸印	乐府
左乐丞印	少府工室	宫司空印	御府之印
御府丞印	永巷	永巷丞印	居室丞印

西安中国书法艺术博物馆馆藏秦封泥欣赏（一）

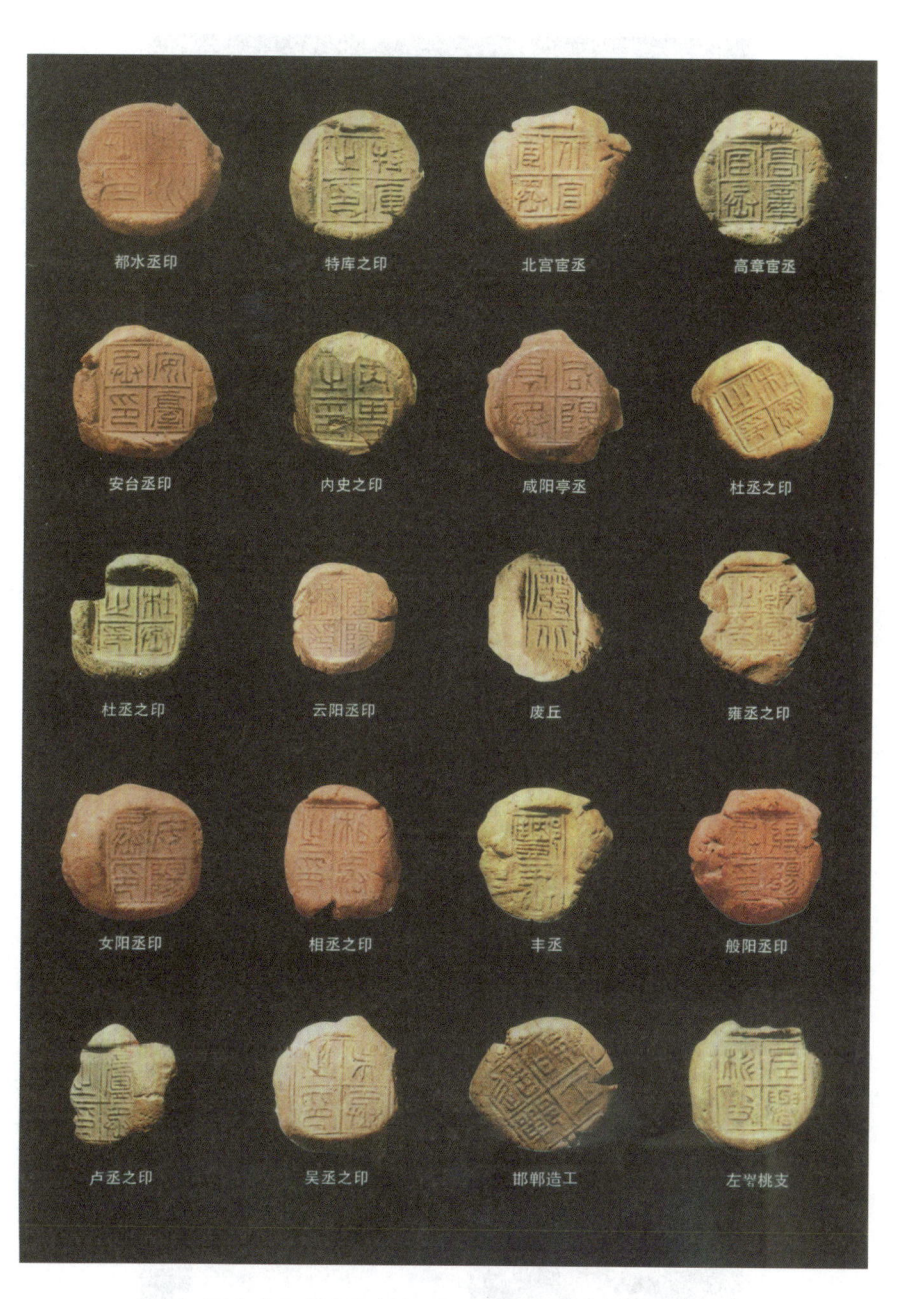

都水丞印　特库之印　北宫宦丞　高章宦丞

安台丞印　内史之印　咸阳亭丞　杜丞之印

杜丞之印　云阳丞印　废丘　雍丞之印

女阳丞印　相丞之印　丰丞　般阳丞印

卢丞之印　吴丞之印　邯郸造工　左𥜽桃支

西安中国书法艺术博物馆馆藏秦封泥欣赏（二）

正

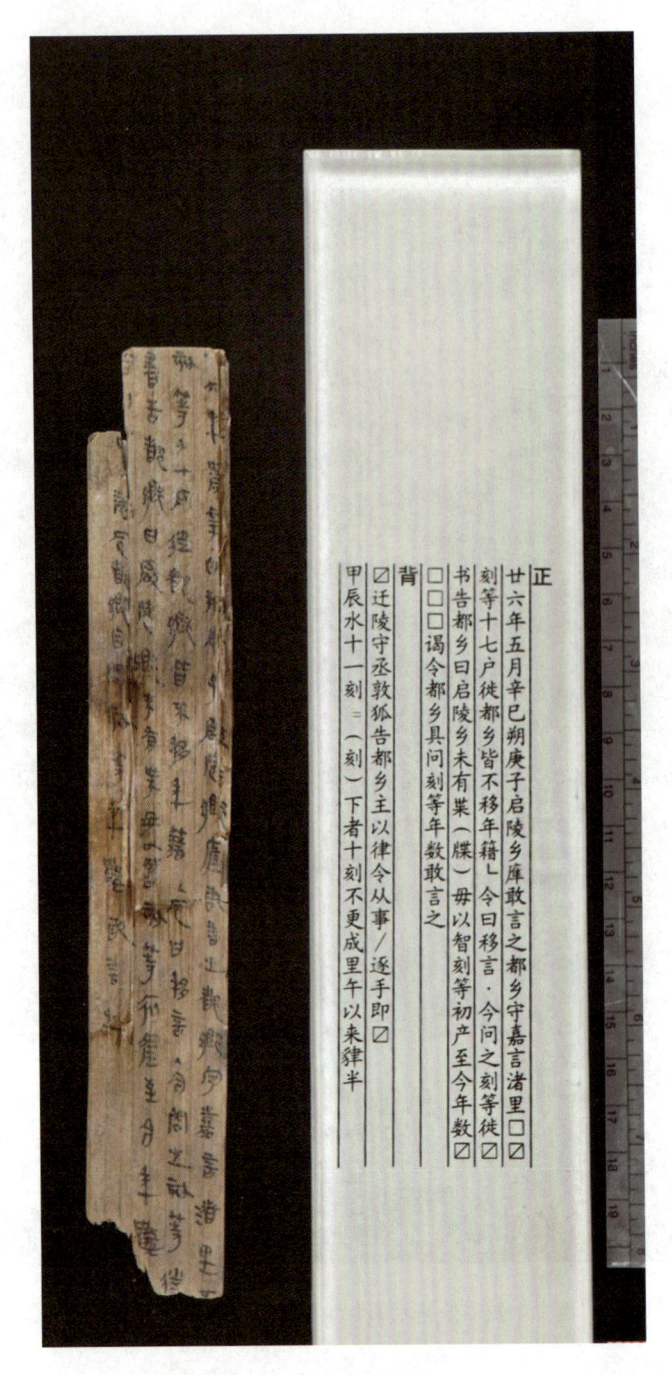

廿六年五月辛巳朔庚子启陵乡麃敢言之都乡守嘉言诸里𠂤
刻等十七户徒都乡皆不移年籍𠄂令曰移言·今问之刻等徒𠂤
书告都乡曰启陵乡未有枼（牒）毋以智刻等初产至今年数𠂤
□□□谒令都乡具问刻等年数敢言之

背

□迁陵守丞敦狐告都乡主以律令从事/逐手即□
甲辰水十一刻 =（刻）下者十刻不更成里午以来律半

湖南里耶秦简博物馆馆藏秦简牍欣赏（一）

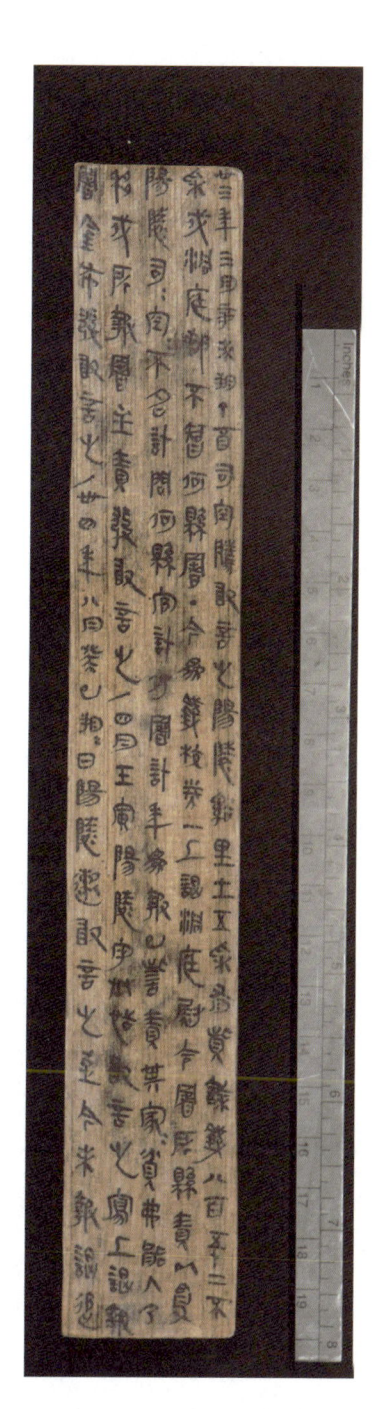

湖南里耶秦简博物馆馆藏秦简牍欣赏（二）

秦封泥与秦文化研究书系

编委会

顾问：袁仲一

主编：庞任隆

编委（按姓氏笔画）：

王鑫怡　李　超　朱　晨　刘　瑞

杨　燕　周世闻　徐卫民　高华强

"秦封泥与秦文化研究书系"编委会 编

秦封泥与秦文化研究书系

庞任隆 著

秦封泥概论

陕西师范大学出版总社

图书代号：SK21N0170

图书在版编目（CIP）数据

秦封泥概论 / 庞任隆著． — 西安：陕西师范大学出版总社有限公司，2021.5
（秦封泥与秦文化研究书系）
ISBN 978-7-5695-2025-5

Ⅰ.①秦… Ⅱ.①庞… Ⅲ.①封泥—研究—中国—秦代　Ⅳ.①K877.64

中国版本图书馆CIP数据核字（2020）第238405号

秦封泥概论
QIN FENGNI GAILUN

庞任隆　著

出版统筹	刘东风　冯晓立
责任编辑	张旭升
责任校对	王文翠　王丽君
装帧设计	锦　册
出版发行	陕西师范大学出版总社
	（西安市长安南路199号　邮编710062）
网　　址	http://www.snupg.com
印　　刷	陕西龙山海天艺术印务有限公司
开　　本	710 mm×1000 mm　1/16
印　　张	16.25
插　　页	10
字　　数	221千
版　　次	2021年5月第1版
印　　次	2021年5月第1次印刷
书　　号	ISBN 978-7-5695-2025-5
定　　价	68.00元

读者购书、书店添货或发现印刷装订问题，影响阅读，请与营销部联系、调换。
电话：（029）85307864　传真：（029）85303879

总序

秦文化史上又一经典之作

——写在"秦封泥与秦文化研究书系"出版之际

○袁仲一

秦封泥的发现,是秦文化研究和资料发掘史上继秦俑、秦简牍之后的又一重大发现。

20世纪90年代,在西安汉长安城相家巷村发现数以千计带有文字痕迹的"泥坨坨",被专家鉴定为秦代的封泥。1996年12月底,在秦俑馆召开的一次学术交流会上,周晓陆和路东之交流了他们收藏的秦封泥拓片和撰写的相关论文。看到这些拓片和论文,我当时就感到,如此大规模的秦封泥发掘,的确是对秦汉文化研究资料的又一次丰富和补充,它涉及历史学、考古学、古代职官文化、历史地理学等信息,可供研究的角度十分广泛。

之后,越来越多的学者关注秦封泥与秦文化的研究,并于2017年10月26日在西安成立了"秦文化研究会秦封泥专业委员会",庞任隆当选专业委员会主任。

前不久,庞任隆和陕西师范大学出版总社的编辑来家里看望我,得知陕西师范大学出版总社将出版"秦封泥与秦文化研究书系"的消息，我就三点说下感受：

一是选题好。秦封泥堪称继秦俑、秦简牍之后秦考古的第三大发现，且秦俑、秦封泥两大发现都在陕西，由陕西师范大学出版总社出版此套丛书，甚好。

二是时机好。今年是中国共产党建党一百周年纪念，各方面文化成就云涌聚集，陕西师范大学出版总社出版"秦封泥与秦文化研究书系"，无疑是为建党一百周年献上的一份珍贵作品。

三是团队好。"秦封泥与秦文化研究书系"各分册作者都是研究秦文化和秦封泥多年的专家、学者。庞任隆的《秦封泥概论》深入浅出，通俗易懂；徐卫民的《秦封泥与宫室苑囿研究》资料翔实，内涵丰富；李超的《秦封泥与官制研究》语言清秀，逻辑明晰；周世闻、高华强的《秦封泥与中国书法艺术研究》图文并茂、体例清晰，艺术价值高。

另外，秦封泥与秦文化研究的角度还可以更加丰富、全面，希望更多专家学者为"秦封泥与秦文化研究书系"继续注入新内容。

期待，是为序。

序言

我心中的秦封泥

○庞任隆

历时千年不化风，沉睡地下总觉醒。一旦来到人世间，震惊中外是非明。

它不是印却是印，在2200年后重生；它不是金胜似金，枚枚价值连城。它弥漫着泥土的芳香，携带着大秦的玄机密宗；横空出世，惊现于汉长安古城。它是活化了的文物，更是神化了的"生灵"；"泥坨坨"正面铸有文字，背面有封缄的遗痕迹行。它记录着昔日的历史，诉说着昨天的故事；黏合着大秦的故土，完成了"以检奸萌"的伟大使命！

20多年来，一枚枚让我魂不守舍，翻阅古籍书册，仔细考察论证；七千三百多个日日夜夜，一件件让我手中的笔激情欲动，品类梳理校阅，常常到半夜三更。左丞相印和右丞相印设计独特，魅力无比，让我想起了当年秦国兵士作战的英勇。吕不韦著《吕氏春秋》，范雎策略"远交近攻"，李斯书写规范文字小篆，还有多谋善战的魏冉、芈戎……

一枚旱丞之印，让我们知道了秦代就开发旅游，鲜为人知的地址，就在当今汉中市南郑县的周家坪。一枚栎阳丞印，让我们清楚了秦代的商鞅变法，原址在今阎良武屯，更把秦汉栎阳和唐代栎阳厘清。一枚上雒丞印，让我明晰了大秦的版图，改写了商洛的历史，发现了一座生机勃勃的古城。

说它是秦代官僚机构的网络图，是因为有奉常、郎中、卫士和中正，更有少府、泰匠、中尉，"三公九卿"的官位个个囊括其中。说它是秦代地理的指南盘，是因为有云阳、芷阳、蓝田、高陵；更有章台、白水、鼎湖，一一展现秦时郡县苑囿的美名。说它是秦代文字的档案库，是因为有府印、内史、诏事、御史，更有秦始皇"躬操文墨"的故事，统一大业的功德件件都有反映。

来到关中东府渭南，让我想到宁秦、重泉诸丞；还有怀德、临晋、频阳，更能把下邽和下吉说清。来到关中西府宝鸡，让我想到漆丞、郭丞、氂丞；还有好畤、美阳、废丘，更知古邑丰丞和雍丞的盛名。来到秦都咸阳古城，让我想到咸阳丞印和咸阳工室丞；还有咸阳亭印，彰显出亭官在都市管理中的作用。

我还要去河南访古，卢氏丞、洛阳丞、安丰丞、三川郡、颍川郡、砀郡，将引导我漫步在龙门石窟的途中。我还要去山东探秘，济阴丞、东阿丞、般阳丞、东海郡、济北郡、东郡，将指引我登临泰山的顶峰。我还要去河北探游，河间尉、夷舆丞、浮阳丞、巨鹿郡、邯郸郡、上谷郡，将带领我感受冀中人淳朴的民风。我还要北上去榆林，有翟道丞、洛都丞导航。我还要南下来四川，巴郡的阆中丞将和我一路同行。

吾读书破万卷，今生有幸阅读秦封泥——一部用泥土塑就的美学史诗，秦代文书封建制度的结晶；吾行万里路，更有秦封泥陪伴。我的良师益友，丰富的智慧将激励我攀登新的高峰！

丁酉荷月作于骊山双龙双石斋

目 录

第一章　秦封泥源流……………………………………………… 1
　一、封泥的成因……………………………………………… 1
　二、封泥的分类……………………………………………… 5
　三、封泥的再现……………………………………………… 8

第二章　秦封泥文书及其使用范围……………………………… 13
　一、竹简木牍………………………………………………… 13
　二、结绳而治………………………………………………… 19
　三、以检奸萌………………………………………………… 21

第三章　秦封泥的重大发现……………………………………… 24
　一、汉长安城遗址今昔……………………………………… 24
　二、农民挖坑取粪奇遇……………………………………… 27
　三、好心人士收藏交献……………………………………… 29

第四章　秦封泥印章及其文字特点……………………………… 36
　一、"田"字格模式…………………………………………… 36
　二、品相的意境……………………………………………… 41
　三、秦封泥文字与边栏的特点……………………………… 48

四、地名的意义 …………………………………………… 51

第五章　秦封泥泥丸与土壤、颜色 ……………………………… 67
　　一、土壤的分类 …………………………………………… 67
　　二、泥丸的颜色 …………………………………………… 70
　　三、秦封泥的成分 ………………………………………… 73

第六章　秦封泥内涵及其收藏保护 ……………………………… 83
　　一、丰富的文化内涵 ……………………………………… 83
　　二、难得的文字再现 ……………………………………… 86
　　三、多样的保护手段 ……………………………………… 97

第七章　秦封泥文化与科学、艺术价值 ………………………… 104
　　一、秦封泥：会说话的文物 ……………………………… 104
　　二、对秦文化研究的补证 ………………………………… 113
　　三、有关封泥手纹、材料及其制作工序的探索 ………… 118

第八章　秦封泥展览及其学术研讨活动 ………………………… 125
　　一、区域性重点展示 ……………………………………… 125
　　二、专业委员会深化 ……………………………………… 128
　　三、学术研讨会提升 ……………………………………… 132

第九章　秦封泥文化传承与展望 ………………………………… 138
　　一、秦汉印吧认知性体验互动 …………………………… 138
　　二、篆隶合璧邀请展持续推进 …………………………… 143
　　三、模拟秦封泥篆刻活动的传承 ………………………… 150

第十章　秦封泥与其他学科的关系 ……………………………… 157
　　一、秦封泥与文书、文字学 ……………………………… 157
　　二、秦封泥与书法、篆刻学 ……………………………… 162
　　三、秦封泥与金石、长寿学 ……………………………… 167

第十一章　秦封泥与其他艺术形式之比较 ⋯⋯⋯⋯ 174
　　一、秦封泥与秦兵马俑、秦简牍 ⋯⋯⋯⋯⋯⋯⋯ 174
　　二、秦封泥与秦官印、秦印陶 ⋯⋯⋯⋯⋯⋯⋯⋯ 179
　　三、秦封泥与秦刻石、秦诏版 ⋯⋯⋯⋯⋯⋯⋯⋯ 182

第十二章　秦封泥考古中的历史故事（上）⋯⋯⋯ 189
　　一、秦岭脚下的"废丘""蓝田" ⋯⋯⋯⋯⋯⋯⋯ 189
　　二、秦内史属的"云阳""芷阳" ⋯⋯⋯⋯⋯⋯⋯ 197
　　三、秦齐文明中的"高陵""乐陵" ⋯⋯⋯⋯⋯⋯ 205

第十三章　秦封泥考古中的历史故事（下）⋯⋯⋯ 213
　　一、"栎阳右工室丞"印的新证据 ⋯⋯⋯⋯⋯⋯⋯ 213
　　二、"戏丞之印"古遗址的渊源 ⋯⋯⋯⋯⋯⋯⋯⋯ 215
　　三、"秦封泥学"学科建设新思路 ⋯⋯⋯⋯⋯⋯⋯ 217

第十四章　传承中的封泥印制作活动 ⋯⋯⋯⋯⋯⋯ 222
　　一、对封泥印用料的选择 ⋯⋯⋯⋯⋯⋯⋯⋯⋯⋯ 222
　　二、对封泥印规格的塑造 ⋯⋯⋯⋯⋯⋯⋯⋯⋯⋯ 223
　　三、对封泥印审美的追溯 ⋯⋯⋯⋯⋯⋯⋯⋯⋯⋯ 224

结语　秦封泥属性论新解 ⋯⋯⋯⋯⋯⋯⋯⋯⋯⋯⋯ 227

附录一　全国著名专家、学者对秦封泥评价摘录（2014）⋯⋯ 229

附录二　庞任隆秦封泥专题研究目录（1996—2021）⋯⋯⋯⋯ 232

主要参考书目 ⋯⋯⋯⋯⋯⋯⋯⋯⋯⋯⋯⋯⋯⋯⋯⋯⋯ 237

第一章　秦封泥源流

要说秦封泥的源流，首先得从什么是封泥谈起。王国维曾称："封泥之物与古玺相表里，而官印之种类较古玺印为尤夥，其足以考证古代官制、地理，为用之大。"足见封泥的学术价值可不一般。

一、封泥的成因

封泥，也称泥封、印封、斗检封，最早的使用年代可以追溯到春秋战国时期。古时人们的书信传递及货物运送等如何保证路途安全，顺利到达？怎样防止泄密？古人自然想了很多办法。其中泥的妙用，可谓独具匠心、别有特色。对早期的封泥来说，封物是其主要功能之一。

《周礼·地官·司市》所谓"凡通货贿，以玺节出入之"，指的就是在封泥上加盖玺印，取得合法流通凭证的法规。实际使用中，人们往往用布、绳捆扎绑缚容器，将封泥按于绳结处，并在封泥上加盖玺印。《吕氏春秋·适威》曰："若玺之于涂，抑之以方则方，抑之以圜则圜。""涂"即封泥。

"封泥"一词最早见于《后汉书》。《后汉书·百官志》载："守宫令一人，六百石。本注曰：主御纸笔墨及尚书财用诸物及封泥。" 根据湖北等地出土文物可知，在春秋战国到汉代的数百年间，封泥曾广泛施于坛罐、竹笥，用于封存食物、钱币等物件，以防止私拆窃发。

秦封泥概论

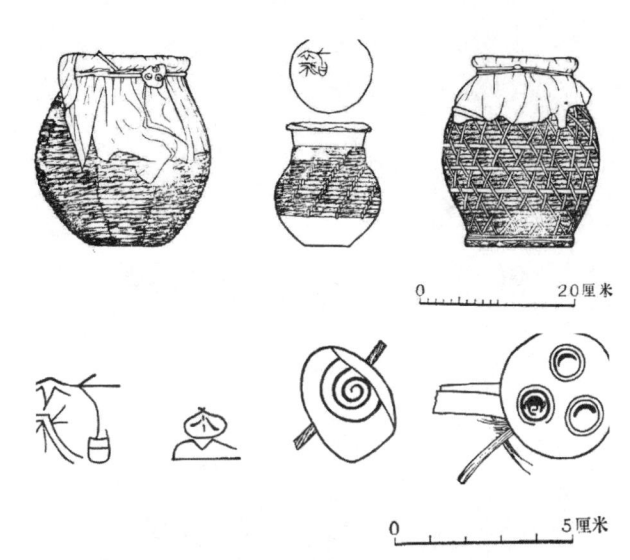

图1　包山楚墓二号墓出土陶罐多以封泥封缄
［图出自湖北省荆山铁路考古队编：《包山楚墓》（上册），文物出版社1991年版，第196—197页］

图2　马王堆汉墓一号墓出土的封泥
（用以盛物的竹笥上完整保存着封泥匣和軑侯家丞封泥。这是一件古代封物形式的完好标本）

图3 新疆楼兰遗址出土清晰完整的汉晋封泥和印章

图4 睡虎地秦简局部
(《秦律十八种·金布律》里有"封线"的记载)

图5　1991年新疆尼雅遗址出土的公元3至4世纪卢文木牍，
其上可见印匣中的封泥和麻绳

1. 检；2. 牍；3. 绳曹；4. 封泥槽

图6　1991年新疆尼雅遗址出土的公元3至4世纪卢文木牍

[图6-1 检：货物或文书封检后，外面1991年新疆尼雅遗址出土的公元3至4世纪卢文木牍表明数量、名称或题署收发者姓名等的标志物。一般为竹、木牌的形式，类似一块较宽的简牍。检由楬、签牌（写有封存物品信息的竹木牌）发展而来。早期不刻绳槽、封泥槽的检称为平检。图6-2 牍：书字的木片。图6-3 绳槽：便于绳缠绕绑缚，将绳头引至封泥槽中。图6-4 封泥槽：又称印匣、封泥斗、封泥匣，用于填充封泥]

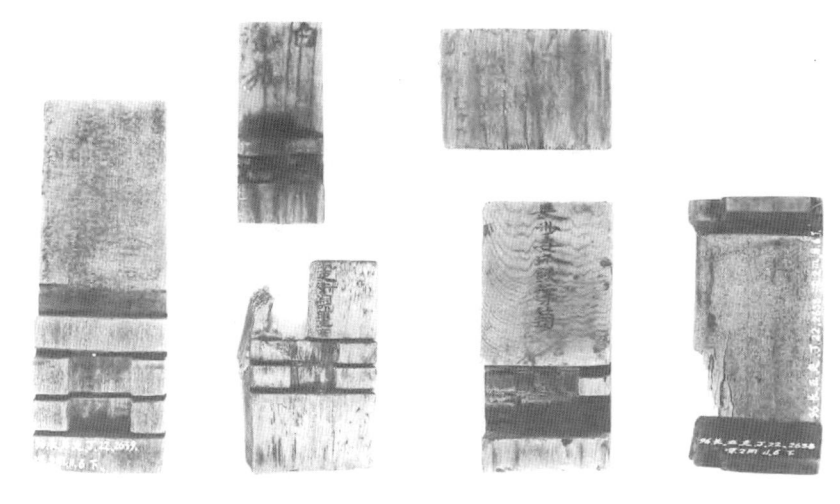

图7　长沙走马楼遗址二十二号墓出土十三国封检

图8　西安北郊汉长安城遗址出土秦封泥背面的绳纹遗痕

二、封泥的分类

封来源于古代文书程式，探索封的种类和过程，无不感叹古代劳动人民丰富想象力和创造力，诸如金属封、印章封、火漆封和皂囊封等等，处处彰显出古人的智慧和灵光。

（一）金属封

金属封最早使用于先秦。据《尚书·金縢》云："公归，乃纳册于金縢之匮中……"孔颖达疏："武王有疾，周公作策书告神，请代（武王）死。事毕，[周]公自坛归，乃纳书策于金縢之匮中，遂作《金縢》。"《说文·系部》："縢，缄也。"《玉篇·系部》："縢，约也。"孔传："为请命之书，藏之于匮，缄之于金，不欲人开之。"此封适用范围小，后代沿用者甚少。金縢原指捆束匮（柜）所用的金属绳子。历史上曾有金縢之匮的故事，说的是周武王战胜商纣王的第二年，得了重病。当时天下还没有安定，武王身体关系国家安危，所以武王的弟弟周公设祭坛向先王祷告，请求让自己代替武王去死。事后，史官把祷告的册书收藏在金属绳子捆束的匮之中。武王死后，年幼的成王继位，由周公代理政事，于是流言四起，说周公将不利于成王，成王也怀疑周公。后来因为一次偶然的天灾，成王打开了金縢之柜，发现了周公请求代死的册书，深受感动，于是君臣之间的隔阂便消除了。

（二）印章封

印章封是封泥封书最基本的特征。在魏晋之前，公私文书均以竹木简牍材料为主。不仅有关政治、军事的内容需要密封验证，个人信函也带有一定的私密性质。因而在传递过程中，为了明信杜奸，都需要封缄。秦汉时期印章的主要功能之一，就是以印封泥"以检奸萌"。王国维《简牍检署考》认为，古代以封泥封缄的书信有两种：一是夹二是囊。夹，是宽牍（木片），书写短文，一件一函，上覆一检，绳子捆扎，绳头入槽，填泥盖印。囊，指书囊，盛装简帛，封缄之时，两端裹叠，其上加检，束绳附泥盖印。汉长安城遗址出土的秦封泥，从"三公九卿"，到郡县亭里，再到宫殿苑囿，完整地再现了印章封的全过程，可以说是前所未有的。

尚浴　　　　御羞丞印　　　寺从丞印　　　中尉之印

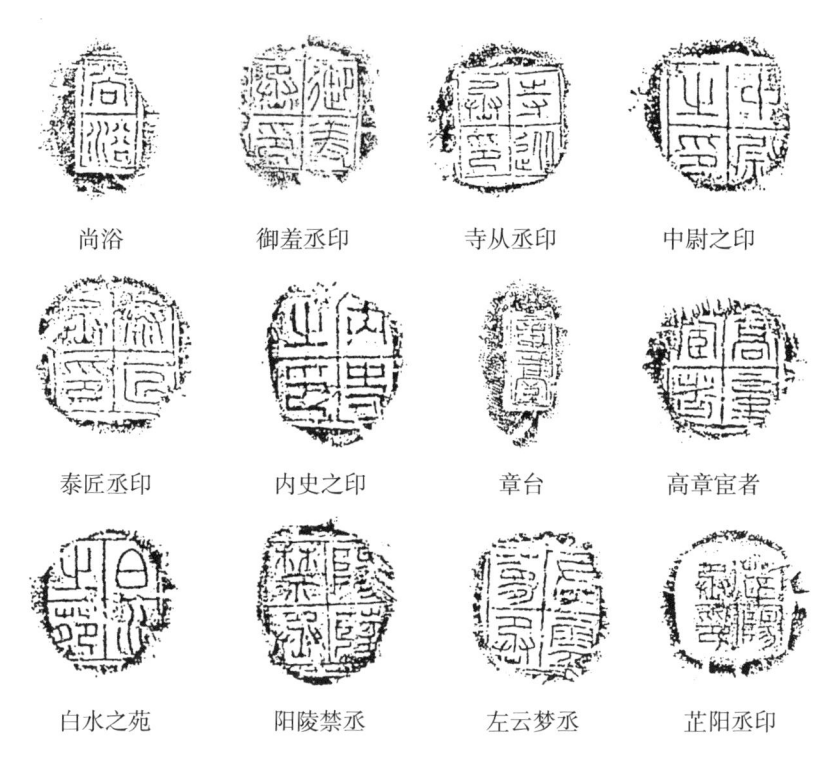

泰匠丞印　　　内史之印　　　章台　　　　高章宦者

白水之苑　　　阳陵禁丞　　　左云梦丞　　　芷阳丞印

图9　西安北郊汉长安城遗址出土秦官印封泥墨拓品样

（三）火漆封

火漆，也称封口漆、封腊，以松脂、石蜡、焦油加颜料混合加热而成，呈块条状，一般为红色或棕红色，也可要求制成蓝、白特殊颜色，易点燃，面黏，专供瓶口、信函封粘之用。火漆封缄是用点燃的火漆滴于信函（物件）封口，结硬前钤印（火漆印），防范信函被拆，是古代竹简、木牍封缄的延伸与发展，是特定条件下的历史产物。火漆是形成火漆封的基础条件，火漆印是防止火漆封被拆的主要保证。有人说火漆是法国人发明于1626年；有人说是中国人发明于公元11世纪，经由印度传入欧洲，很快就成为欧洲人保守通信秘密的法宝；也有人说，汉高祖刘邦（公元前206年—前195年）用过火漆印，在香港某拍卖会上，以四十万港币拍卖成交。无论与否，可以肯定的，火漆封是替代竹简封、木牍封的封缄形式，是黏土封的延伸与发展，应当在竹简封之后使用。也就是说，火漆封应该启用于公元2至3世纪的晋后时期。汉刘邦用过火漆印，应该是不争的事实，原因是火漆封之前的黏土封同样需要钤印。所不同的是，前者盖在黏土上，后者钤在火漆上。回顾火漆封的存在形态，关键还在于认识它在传递机要信函和保护信息权益方面的历史功绩。

（四）皂囊封

皂囊，也称早囊，发端于汉代。群臣上章奏，如事涉秘密，则以皂囊封之，名曰封事（《正字通·寸部》）。《汉书·宣帝纪》载："上始亲政事，又思报大将军功德，乃复使乐平侯山领尚书事，而令群臣得奏封事，以知下情。"《后汉书·蔡邕传》："以邕经学深奥，故密特稽问，宜披露失得，指陈政要，勿有依违，自生疑讳。具对经术，以皂囊封上。"李贤注引《汉官仪》："凡章表皆启封，其言密事得皂囊也。"南朝梁刘勰《文心雕龙·奏启》："自汉置八仪，密奏阴阳，皂囊封板，故曰封事。"《后汉书·明帝纪》："于是在位皆上封事，各言得失。"唐李贤注："宣帝始令群臣得奏封事：以知下情，封有正有副，领尚书者先发副封，所言不善，屏而不奏。后魏相奏去副封，以防拥蔽。"此封法有实封和通封两种，后历代多沿用。唐杜牧《长安杂题》诗之四："束带谬趋文石陛，有章曾拜皂囊封。"

三、封泥的再现

作为古代文书封缄制度的产物，自魏晋以后封泥便退出历史舞台。人们对封泥的认识，可以说是千年之后的事情了。

清代初年，即道光二年（1822年），四川一位农民在田间挖掘山药时，发现一个坑窖，从中起出不少比铜钱略大的扁泥块，这些泥块上都有隆起的文字，看上去十分古奥。农民不知道这是什么东西，遂一一拣出带回家中。消息逐渐传开，在当地走门串户的古董商贩将这100多枚泥块携至京师，当时著名的金石学家刘喜海、龚自珍，以及山西阁帖轩等人首先敏感地看中了这些有字的泥块，认为这是一种前所未有的金石文物，便各自从古董商手中买回若干，珍藏赏玩。

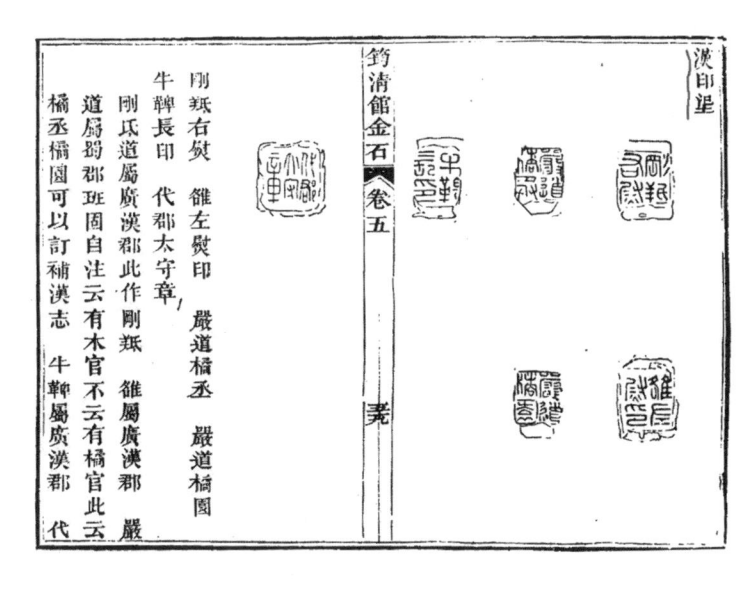

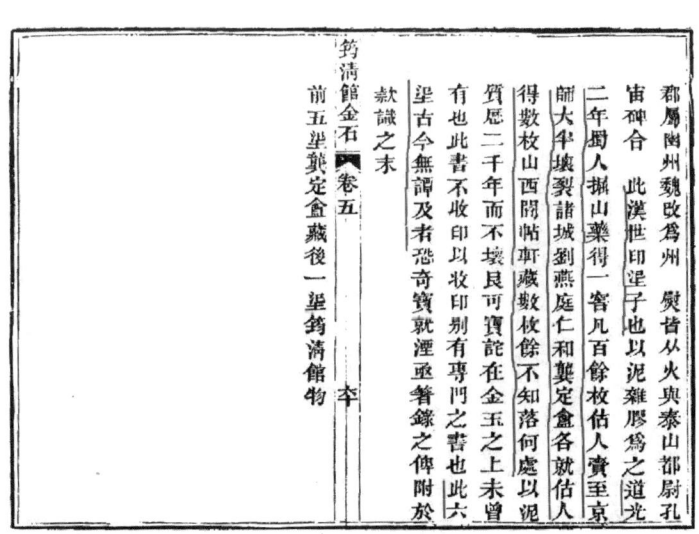

图10 吴荣光《筠清馆金石录》中记载清末封泥出土情况及早期藏家

之后，又有吴荣光、赵之谦等学者印人均误称之为印范（即铸造印章的母范）。清代学者刘喜海曾在关中一带访古求珍，咸丰二年（1852年），他辑成《长安获古编》，在补编中著录封泥30枚，首次为这种出土泥丸明确了封泥的称谓。光绪戊戌（1898年），被誉为中国近代史上的通才——刘鹗，著《铁云藏陶》，方始纠其讹谬，正名为封泥。而彻底揭开封泥之谜具有划时代意义的人物是王国维，其标志性的一部著作就是《简牍检署考》。从此，中国古代这一重要的文书封缄遗物，又重见天日，被世人瞩目。

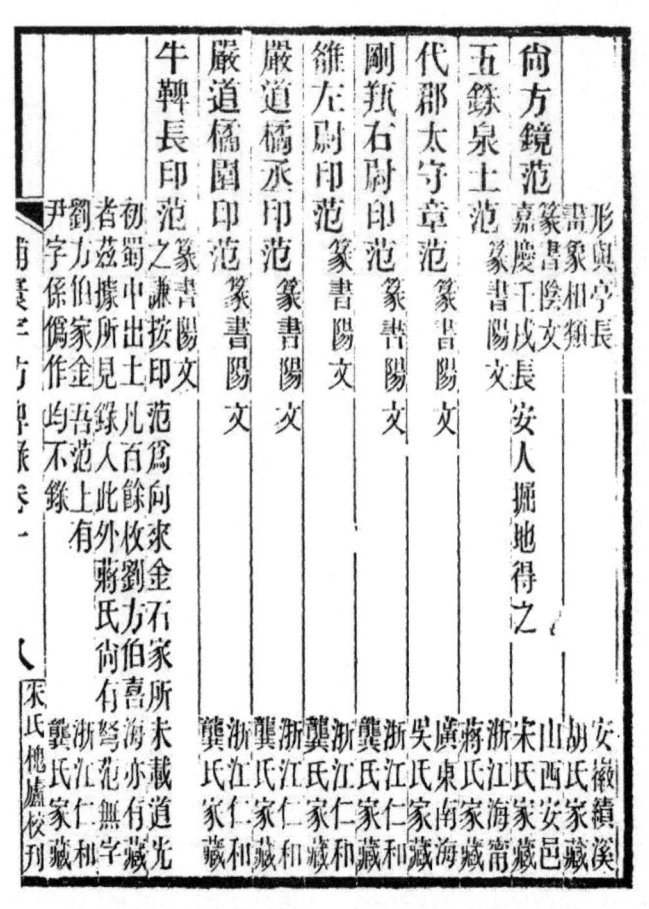

图11　《补寰宇访碑录》中封泥仍题以印范之名

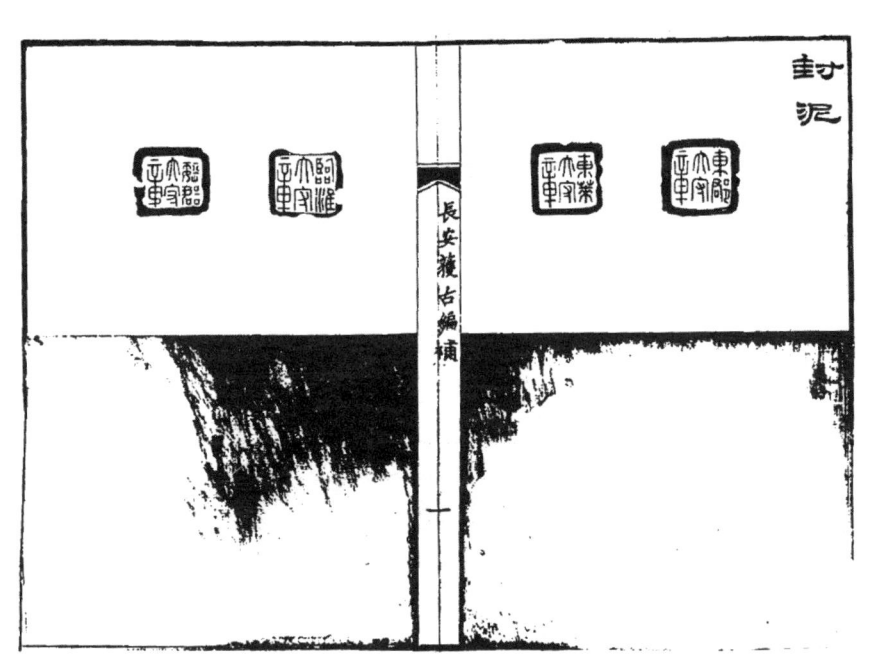

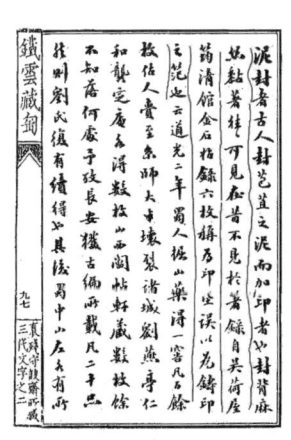

图12 清代学者刘喜海咸丰二年（1852年）辑成《长安获古编》，在补编中著录封泥30枚，首次为这种出土泥丸明确了封泥的称谓

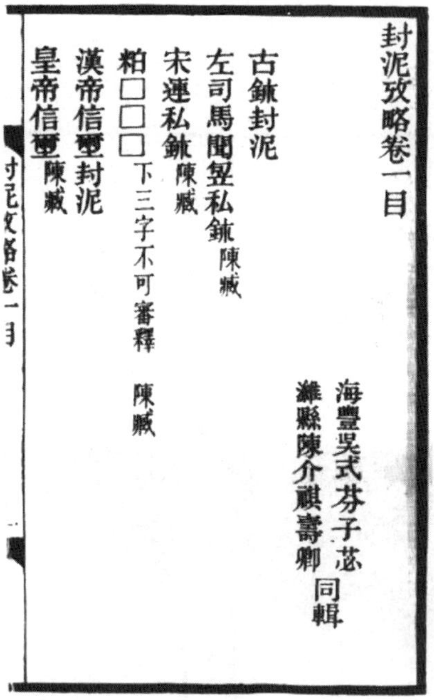
封泥攷略卷一目
海豐吳式芬子苾
濰縣陳介祺壽卿 同輯
古鉨封泥
左司馬聞䢅私鉨 陳臧
宋連私鉨 陳臧
粕□□□ 下三字不可審釋 陳臧
漢帝信璽封泥
皇帝信璽 陳臧
封泥攷略卷一目

图 13 吴式芬、陈介祺辑《封泥考略》（卷一）

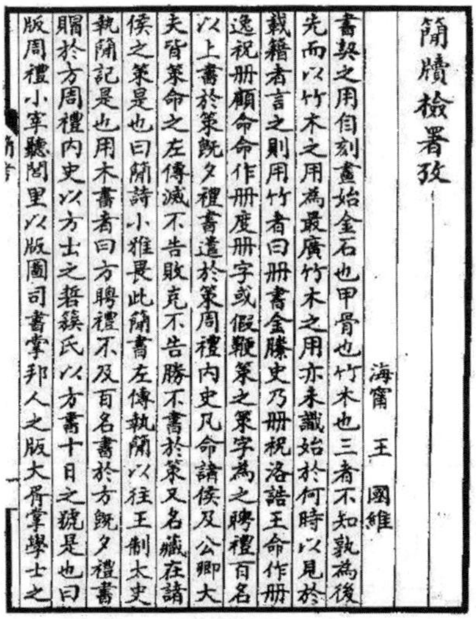
簡牘檢署攷
海甯 王國維
書契之用自刻畫始金石也甲骨也竹木也三者不知孰為後
先而以竹木之用為最廣竹木之用亦未識始於何時以見於
載籍者言之則用竹者曰册書金縢史乃册祝洛誥王命作册
逸祝册顧命命作册度册字或假䇲策之策字為之聘禮百名
以上書於策既夕禮書遣於策周禮內史凡命諸侯及公卿大
夫皆策命之左傳滅不告敗克不告勝不書於策又名臧在諸
侯之策是也曰簡詩小雅畏此簡書左傳執簡以往王制太史
執簡記是也用木書者曰方聘禮不及百名書於方既夕禮書
賵於方周禮內史以方出之硩蔟氏以方書十日之號是也曰
版周禮小宰聽閭里以版圖司書掌邦人之版大胥掌學士之

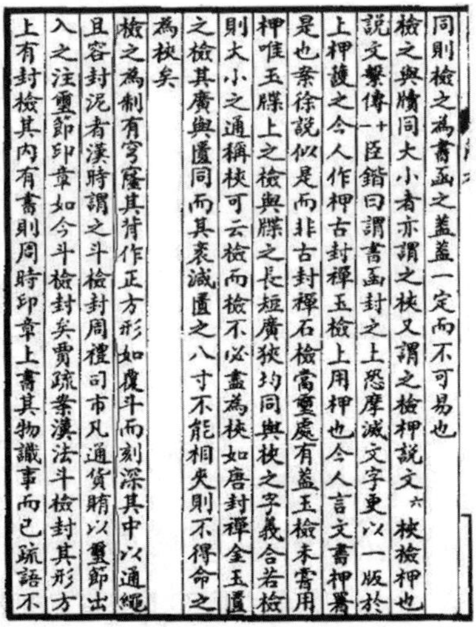
同則檢之為書函之蓋蓋一定而不可易也
檢之與牘同大小者亦謂之梜又謂之檢柙說文六 梜檢柙也
說文繫傳十一臣鍇曰謂書函封之上恐摩滅文字更以一版於
上柙護之今人作柙古封禪玉檢上用柙也今人言文書柙署
是也案徐說似是而非古封禪石檢當璽處有蓋玉檢未嘗用
柙唯玉牒上之檢與牒之長短廣狹均同與梜之字義合若檢
則大小之通稱梜可云檢而檢不必盡為梜如唐封禪金玉匱
之檢其廣與匱同而其袤減匱之八寸不能相夾則不得命之
為梜矣
檢之為制有穹窿其背作正方形如覆斗而刻深其中以通繩
且容封泥者漢時謂之斗檢封周禮司市凡通貨賄以璽節出
入之注璽節印章如今斗檢封矣賈疏案漢法斗檢封其形方
上有封檢其內有書則周時印章上書其物識事而已疏語不

图 14 王国维《简牍检署考》发表于 1914 年《云窗丛刊》（上）

第二章　秦封泥文书及其使用范围

一、竹简木牍

竹，为常绿多年生植物，春日生笋，茎有很多节，中间是空的，质地坚硬，种类很多，可制器物，又可作建筑材料。木，树类植物的通称，是树木或木器的名称。同本义木，冒地而生，东方之行。从草，下象其根。

竹简木牍，也称简牍。《说文解字》：简，从竹；牍，从片（半木）。简，竹制，呈细长条形，可供书写一两行字，常编连使用；牍，木制，呈宽大之形，可供书写多行文字。简牍，作为中国古代汉字传承和记录的重要载体，在最近几十年的考古发掘中被大量发现，大部分形成于战国时期，有的形成于秦代至晋代。西林昭一的《新中国出土书迹》收录的简牍出土信息就有50多条，主要有：

（1）1957年河南省信阳长台关西北小刘庄楚墓出土的竹简（战国早期），共148枚，内容或以为是《墨子》的佚篇，或认为是《申徒狄》的古佚书。文字初显战国楚系文字妩媚恣肆的书风特点。[1]

（2）1965年湖北省江陵县纪南城望山一号楚墓出土的竹简（战国早、中期），共37枚，内容均是遣策。文字笔势瘦动，圆秀飘逸。[2]

---

[1] 西林昭一：《新中国出土书迹》，陈松长译，文物出版社2009年版，第54页。
[2] 西林昭一：《新中国出土书迹》，陈松长译，文物出版社2009年版，第54—55页。

（3）1973年湖北省江陵县藤店楚墓出土的竹简（战国早期，公元前412年），24片42字，内容均是遣策。书风与望山一号楚墓出土的竹简相近。①

（4）1975年湖北省云梦县睡虎地秦代墓葬出土的秦简牍（公元前252年左右—前217年），共1150枚，内容以书籍为主，主要有《为吏之道》《日书》《语书》《秦律八种》《效律》等，书体是比较典型的秦隶。尤其是出土的3支毛笔和削简牍用的铜削刀，在中国书写史上具有十分重要的意义。②

（5）1978年湖北省随县擂鼓墩曾侯乙墓出土的竹简（战国早期，公元前433年），共240余枚，记载的是葬仪用的车马与兵甲。书体为典型的战国早期楚系文字，爽朗遒健的书法风格，对当代书坛影响很大。③

（6）1980年四川省青川县郝家坪第50号战国秦墓中出土木牍（秦，公元前306年），共2块，内容是关于战国、秦代四川地区的法律文书，具体是更改田律之后田地律令的执行办法。其字形一变篆书的狭长，趋向方正，开秦隶之先河。④

（7）1986年甘肃省天水市北道区党川乡放马滩秦墓出土的竹简（公元前239年），共460枚，书体为秦隶，用笔厚重，结体宽博，线条干练。其随葬品中有笔套和整套的毛笔出土，实属罕见。⑤

（8）1987年湖北省荆门市十里铺镇王场村包山墓出土的竹简（战国中期，公元前323年），共488枚，总字数12472个，内容主要是司法文书、卜筮祷文和遣策。其书体蚕头燕尾，隶书笔意，秀逸生动。⑥

（9）1993年湖北省荆州市关沮镇周家台秦墓出土的竹简（公元前213

---

① 西林昭一：《新中国出土书迹》，陈松长译，文物出版社2009年版，第53—54页。
② 西林昭一：《新中国出土书迹》，陈松长译，文物出版社2009年版，第69—72页。
③ 西林昭一：《新中国出土书迹》，陈松长译，文物出版社2009年版，第53页。
④ 西林昭一：《新中国出土书迹》，陈松长译，文物出版社2009年版，第66页。
⑤ 西林昭一：《新中国出土书迹》，陈松长译，文物出版社2009年版，第67页。
⑥ 西林昭一：《新中国出土书迹》，陈松长译，文物出版社2009年版，第57—58页。

年—前209年），共387枚，保存比较完整，内容是秦二世元年（公元前209年）的历谱。其书写风格与睡虎地秦简基本相同，文字规矩，章法整齐，是秦隶发展成熟之作。①

（10）2002年湖南省龙山县里耶战国古城出土的秦简，共36000枚，内容为县一级的档案，主要有行政文书、集簿、吏籍、乘法口诀、纪事简、邮程记录简和封检等。其文字都是较为典型的秦隶，用笔较方，笔道劲健，与秦汉书风一脉相承。②

另外，书写材料还有缣帛，缣特指双丝织成的细绢，多作礼仪、赏赐、酬谢之用，也充当货币或书写材料。

图15 《包山楚简》（局部）

---

① 西林昭一：《新中国出土书迹》，陈松长译，文物出版社2009年版，第72页。
② 西林昭一：《新中国出土书迹》，陈松长译，文物出版社2009年版，第73—76页。

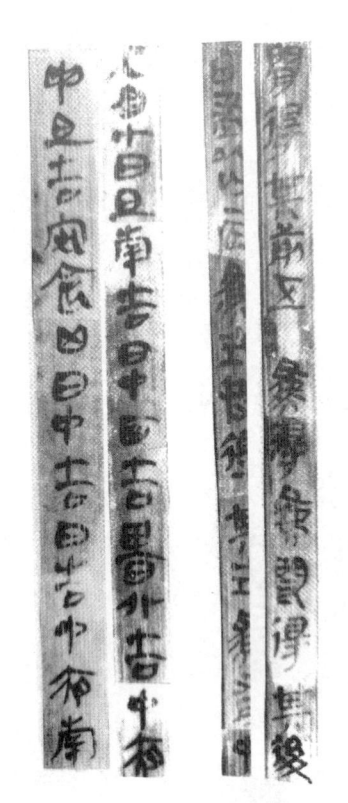

图 16　天水放马滩秦简（局部）

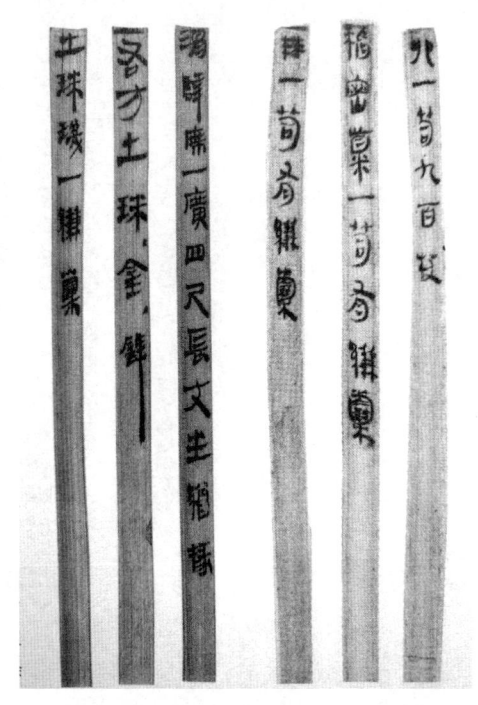

图 17　长沙马王堆木牍（局部）

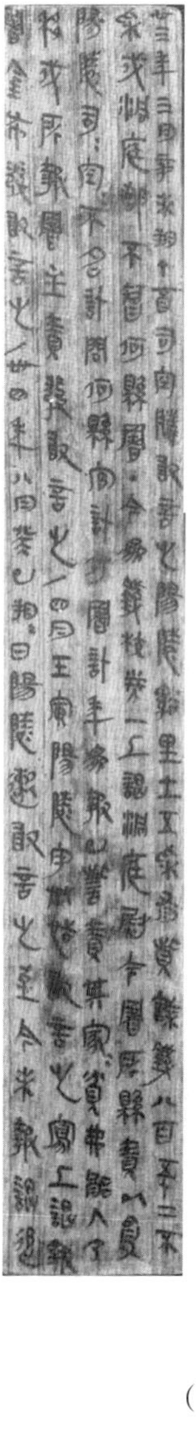

正

卅三年三月辛未朔丁酉司空腾敢言之阳陵谿里士五采有赀余钱八百五十二不
采成洞庭郡不智何县署·今为钱校券一上谒洞庭尉署所县赀以受
阳陵司=空=（司空）不名计问何县官计付署计年为报已誉赀其家=（家）贫弗能入乃
移戍所报署主赀发敢言之/四月壬寅阳陵守丞恬敢言之写上谒报
署金布发敢言之/卅四年八月癸巳朔=（朔）日阳陵迩敢言之至今未报谒追

背

敢言之
卅五年四月己未朔乙丑洞庭叚尉觿谓迁陵丞阳陵卒署迁陵其
以律令从事报之当腾=（腾）/嘉手·以洞庭司马印行事

敬手

图 18 湘西里耶秦简

（湖南里耶秦简博物馆提供）

图 19　湘西里耶秦简
（湖南里耶秦简博物馆提供）

二、结绳而治

绳，《说文解字·系部》："绳，索也。从系，绳省声。"在古代，绳的用途甚广，主要有以下三个方面。

（1）一种测定和引画直线用的工具，也是我国最早的长度度量工具之一。《史记·夏本纪》中有"左准绳，右规矩，载四时，以开九州、通九道、陂九泽、度九山"的记载。

（2）以绳为结，是人类文字产生前的一种帮助记忆的方法，即以绳子打结记事。《易·系辞传下》："上古结绳而治，后世圣人易之以书契。百官以治，万民以察。"书契指的就是文字。唐李鼎祚《周易集解》引《九家易》云："古者为文字，有其约誓之事，事大大其绳；事小小其绳。结之多少，随物众寡，各执以相考。"现今某些没有文字的民族，仍结绳以记事。

（3）绳子是穿联、封固竹简木牍的主要材料。古代封检简牍文书，都是以绳捆扎，然后在绳结处加捺泥团，再钤以印记。《说文》（六）："检，书署也。"徐铉注曰："书函之盖三刻其上绳缄之，然后填以泥，题书之上而印之也。"今天装订档案，也离不开绳子。

在西林昭一著、陈松长译的《新中国出土书迹》收录的 50 多批简牍出土信息中，虽然没有有关绳子的报道，但在 1991 年新疆尼雅遗址出土的公元 3 至 4 世纪佉卢文木牍覆盖的检中，还存有封泥和麻绳，尤其是 1995 年在西安北郊汉长安城遗址相家巷村出土的秦封泥中，几乎每枚背面都有竹简遗迹或者绳索遗迹，由此推知，秦时已经普遍使用苎麻一类植物纺织布或做绳子，并用来串连、捆扎竹简木牍。

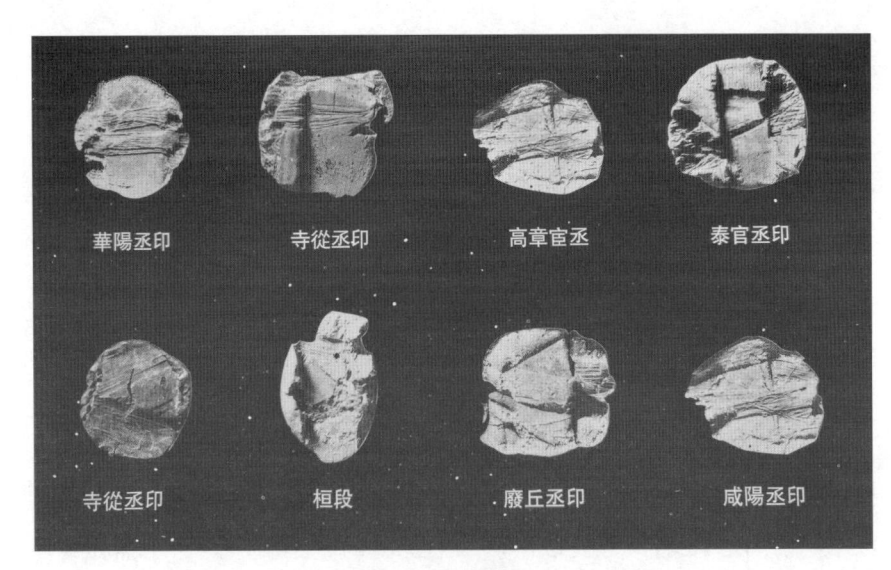

图20　秦封泥背面封缄痕

（图出自周晓陆、路东之编著：《秦封泥集》，三秦出版社2000年版）

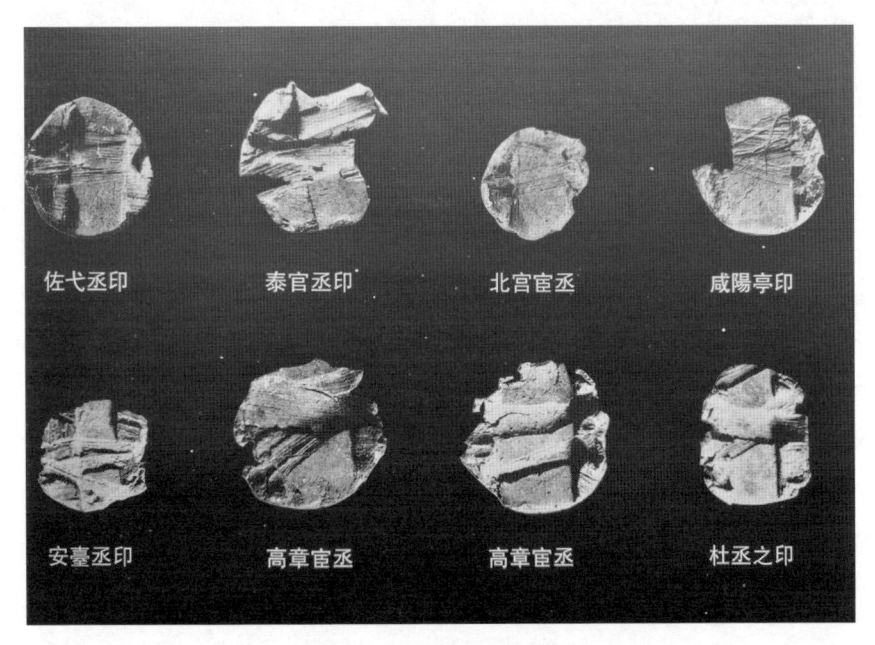

图21　秦封泥背面封缄痕

（图出自周晓陆、路东之编著：《秦封泥集》，三秦出版社2000年版）

三、以检奸萌

"以检奸萌"一词，最初的来源，不仅和文书封缄制度有缘，而且和竹简、封泥、绳子、印章关系最为密切。它们之间互为表里，互相作用，互相依赖，共同完成中国古代"保密法"的雏形。陕西秦代封泥的发现和出土，实实在在地见证了这一制度的形成和发展过程。

竹简木牍，最早始于殷商时期，是中国古代的主要书写材料，至东晋末年明令以纸张代简后，逐渐消失，历时逾2000年。在此期间，主要的著述，如《春秋》《大学》《史记》《汉书》等，还有皇帝的诏书、檄文、律令、官府的文告、聘约、簿籍，以及个人的账簿、书信等都要书写于简牍。其长度有不同的规定，如三尺律令、三尺法、尺一之诏、尺牍等，在这一方面，王国维先生的《简牍检署考校注》中有详述，这里不再一一举例。

这一时期的百官玺印，除证明持有人的官爵身份以外，一个最主要的功能就是用于封泥，来封检竹简木牍文书，亦有用于货贿、工程进度方面的督责等。《周礼》云"玺节者，即今之印章也"，"玺节印章，如今之斗检封关"。汉刘熙《释名·释书契》谓："印，信也，所以封物信验也，亦言固之，封物相固封也。"宋赵彦卫《云麓漫钞》云："古印文作白字，盖用以印泥，紫泥封诏是也"。① 初唐四杰之一杨炯《崇文馆宴集诗序》有："封紫泥于玺禁，传墨令于银书。"的诗句。

因此说，隋唐以前，一般一套完整的文书，都由竹简（或木牍）、绳子、检木（亦称封泥匣，有的使用过程没有的）、胶泥（有青泥人、紫泥、黄泥之别）及印章五部分组成，竹简是文书的主体，绳子主要起连和束的作用，而检木是为了防止封泥的碎脱，故在绳结处（或者交叉处）置以方形木槽，然后再将胶泥捺入其内，最后再在泥团上钤

---

① 参见王国维原著，胡平生、马华月校注：《简牍检署考校注》，上海古籍出版社2004年版，第99—103页。

盖上封缄者的印章，方可发出。这样做的目的，就是为了防止文书在传递过程中被人私拆。秦代是这一制度的典范，由此可见，秦代的文书保密程序相当严密。

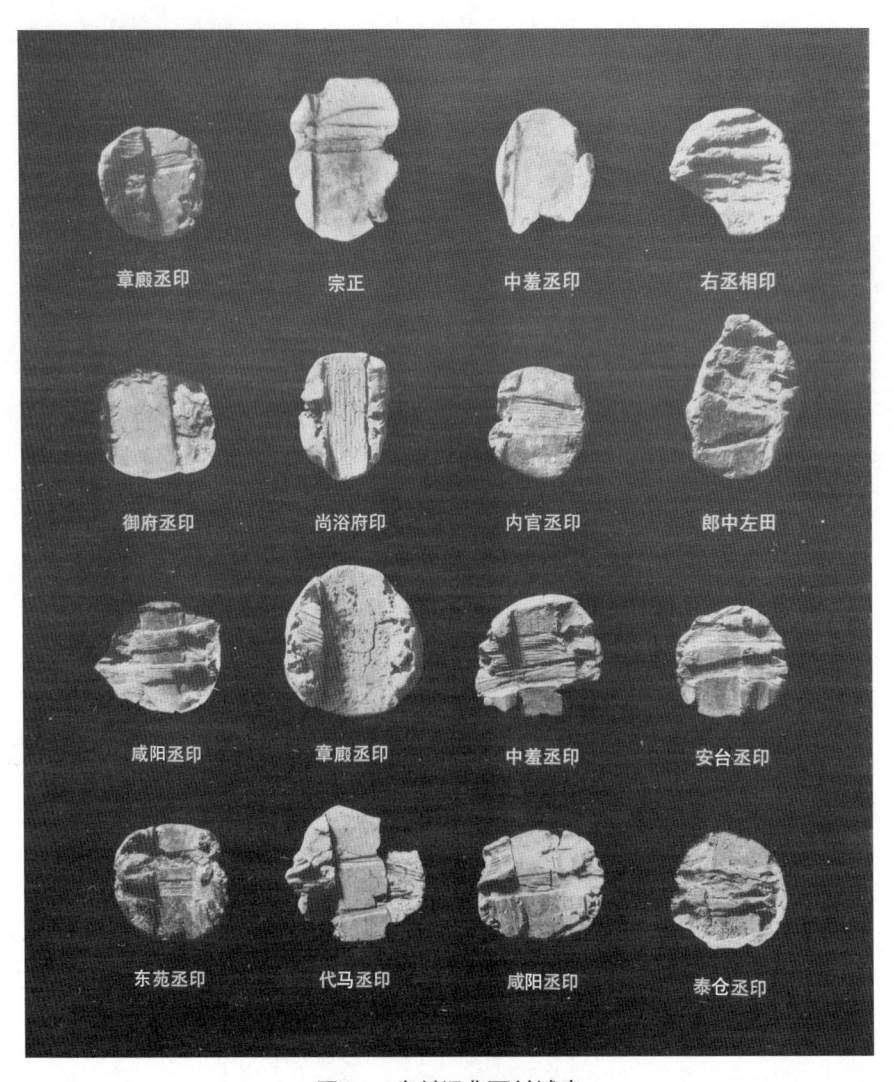

图 22　秦封泥背面封缄痕
（图出自周晓陆、路东之编著：《秦封泥集》，三秦出版社 2000 年版）

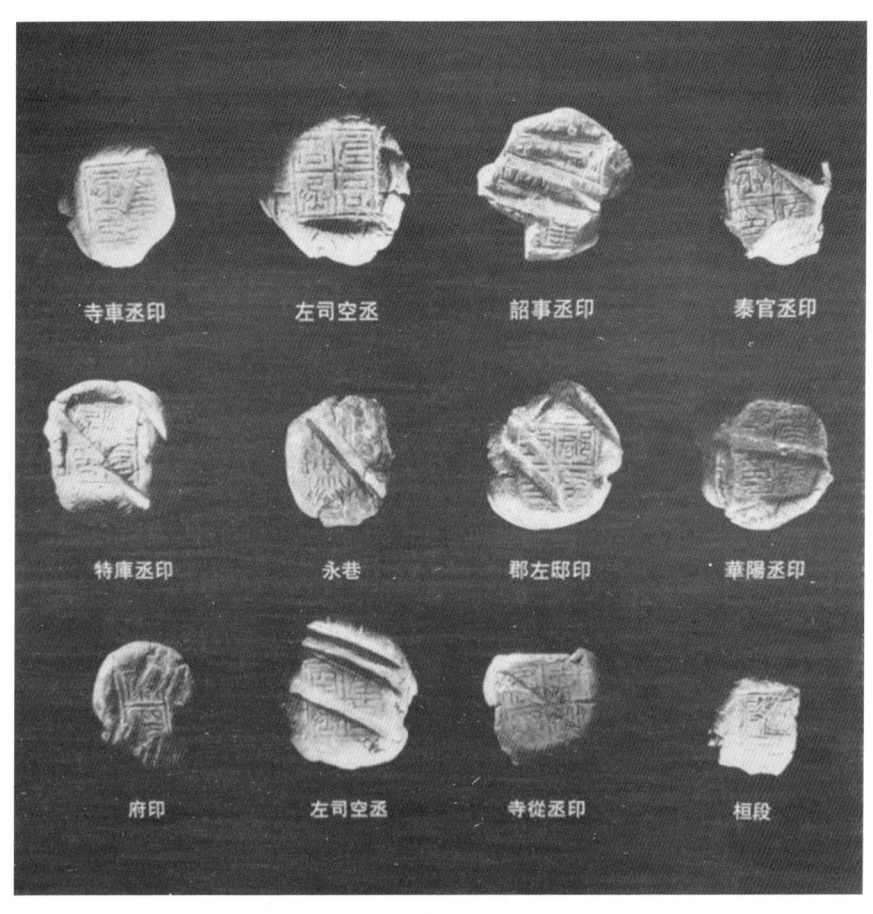

图 23　秦封泥表面条形抑印痕
（图出自周晓陆、路东之编著：《秦封泥集》，三秦出版社 2000 年版）

第三章 秦封泥的重大发现

在中国秦文化发展史上，20世纪有三次重大发现：一是1974年陕西临潼秦兵马俑的发现，被称为"世界第八大奇迹"，为第一次重大发现；二是1975年湖北云梦睡虎地秦简的发现，为第二次重大发现；三是1995年陕西西安秦封泥，被考古界誉为第三次重大发现。这三次重大发现，不仅谱写秦史的新篇章，同时迎来了秦文化研究的新时代。

一、汉长安城遗址今昔

按常理，汉长安城遗址出土的应当是汉代的封泥，而我们今天说汉长安城遗址出土的封泥为秦封泥，已在考古学术界达成共识。这个问题也曾引起了史学界一些学者的疑问和不解，它牵扯到对一座文化古城历史渊源的界定问题。

（一）出土地址是这批封泥断代的原档案

公元前202年二月刘邦在洛阳称帝，五月迁都长安，在秦咸阳城离宫旧址上兴建汉长安城，号称"斗城"，城周长约26千米，总面积达65万平方公里，是我国历史上第一座大规模的城市，西汉后还曾是前赵、前秦、后秦、西魏和北周的首都，历时380余年。是古代使用时间最长，定都朝代最多，遗址最丰富的都城，也是当时世界上规模最大的城市。

1961年3月4日，西安汉长安城遗址被列为第一批全国重点文物保护单位。

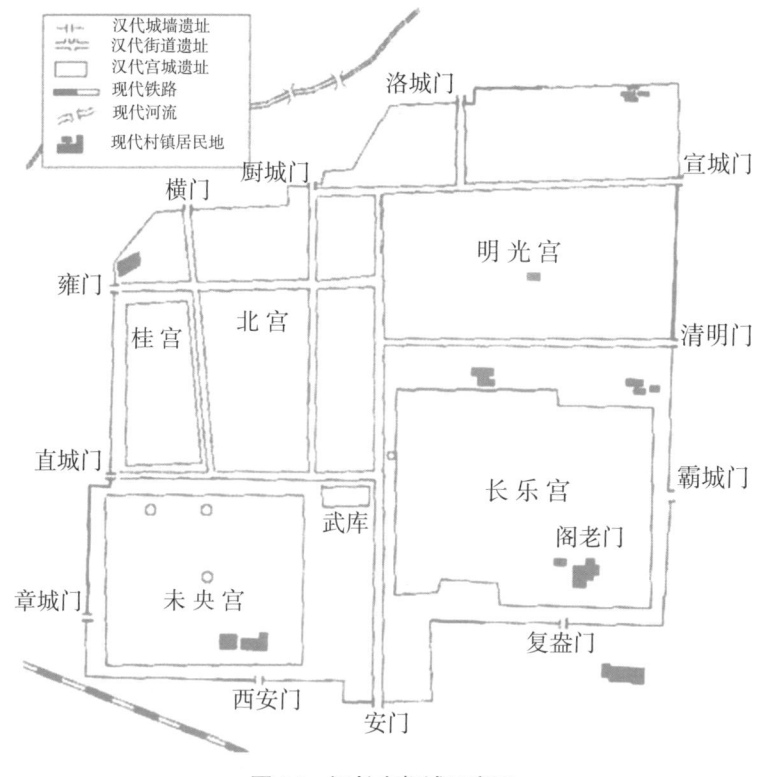

图24　汉长安都城示意图

汉长安城遗址相家巷村出土的封泥实物被确认为秦封泥的依据，主要是汉长安城是在秦宫殿旧址的基础上建立起来的。可归纳为"两次考古定论"和"一次深化研究"。一是1997年春西安市文物局安排西安市考古研究所对发现地及其周围进行了科学考古发掘，出土了秦封泥13000余枚（重要成果待公布）。二是2000年4月至5月间，中国社会科学院考古研究所汉长安城工作队对相家巷村遗址进行了科学发掘，获得秦封泥100多个品种共325枚，并确认了相家巷村遗址出土秦封泥的地层关系属于战国末代至秦代（这是很重要的一点）。三是王辉先生在《秦封泥的发现及其研究》一文中指出："秦封泥为什么出土相家巷村？是因为相家巷村即秦甘泉宫（又称南宫）所在地，皇帝、太后长居于此，

第三章　秦封泥的重大发现

25

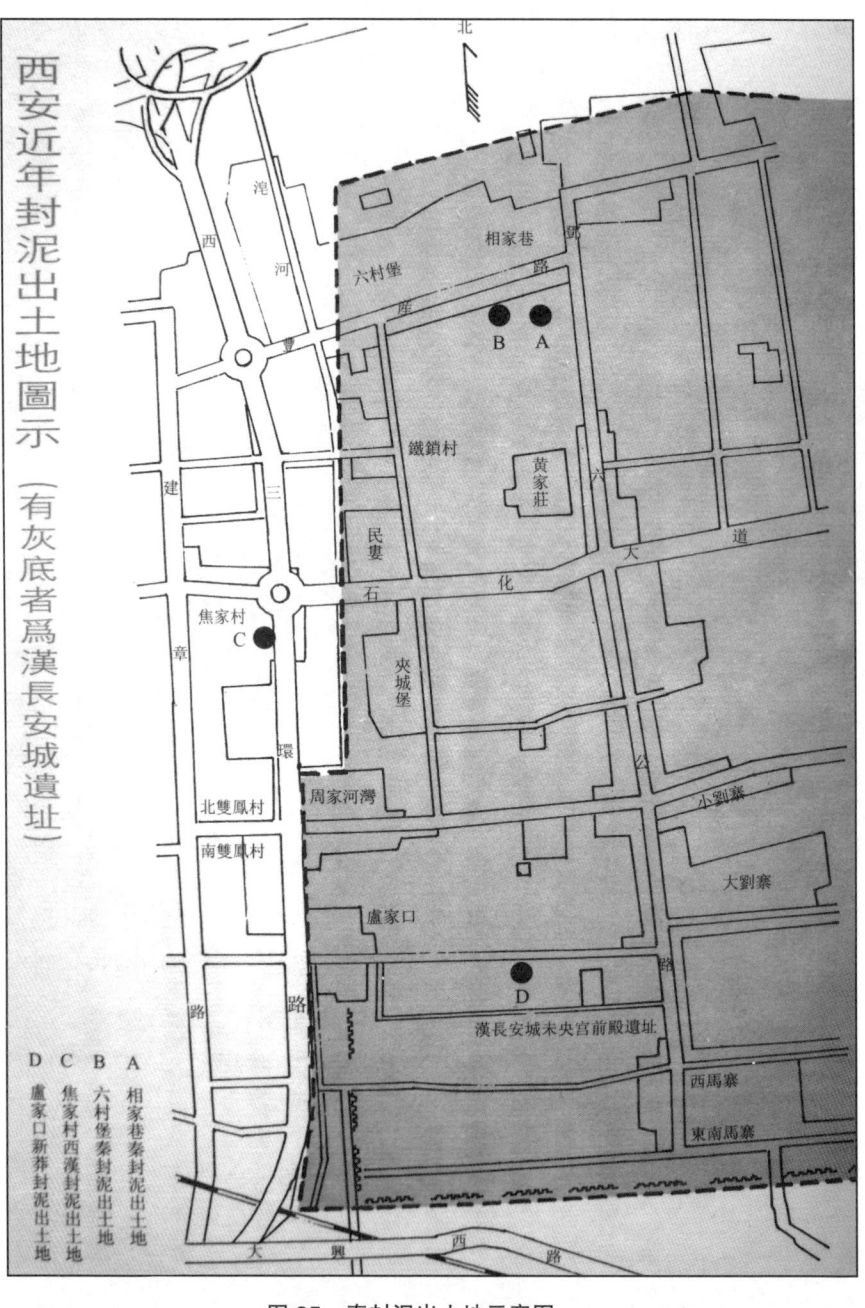

图25　秦封泥出土地示意图

（马骥先生绘制）

丞相以下各界级员进奉物品、文书，缄以封泥，侍从开拆后弃封泥掩埋，时而久之，堆积随多。"①长期在长安城做考古发掘工作的刘庆柱、李毓芳也指出："近年在汉长安城桂宫遗址北部考古发掘的桂宫第四号建筑遗址出土有秦瓦当等遗物。在该遗址附近考古勘探和试掘发现，西汉建筑遗址的地层堆积下，还叠压有秦代或战国晚期的地层堆积。"另外，徐卫民、陈根远等专家或撰文或发表观点，都对相家巷村出土的封泥为秦代封泥的结论给予了肯定。

二、农民挖坑取粪奇遇

1995年冬初的一段时间，对汉长安城遗址保护区相家巷村村民赵臣言来说，是值得纪念和难忘的日子。他从来也没有想到，2200多年前秦代的档案库，秦代文书封缄遗物封泥，会在他挖粪坑时重见天日。当时他看到那些带有文字的"泥坨坨""泥蛋蛋"，真的不敢相信那是秦代的"宝贝"，一一捡回，细数整整3000多枚，装入了麻袋，后不久转入西安一收藏爱好者手里，他才放下了心。

下边的两张珍贵照片，是2006年7月25日北京古陶文明博物馆馆长路东之先生拍摄的。照片很有价值，让我们看到了20多年前发现现场的情况。我们对先生在秦封泥收藏、保护、展示、研究等方面做的学术贡献，肃然起敬。先生生前我们一直没有见过面，笔者第一次到北京古陶文明博物馆参观考察，是2012年12月休年假住北京女儿家时去的；第二次是2018年8月初在北京办事期间，应路东之先生的夫人、现任馆长董瑞女士之邀去的。我们互相交流了博物馆发展前景，互赠了《秦封泥研究》和《逯上瓦砾》馆刊，笔者向他们的工作人员讲述了封泥的

---

① 王辉：《秦封泥的发现及其研究》，见庞任隆主编：《中国书法与篆刻·秦封泥研究》，陕西人民美术出版社2015年版，第19—22页。

起源，并参观了展厅的古陶系列展品。望着一枚枚散发着泥土芳香的秦封泥，看着一组组附有文字痕迹的汉陶罐，还有诸多印陶瓦片、古玺铜印，不禁让人叹为观止。

图26　1995年夏天相家巷村民挖粪坑时发现秦封泥的现场一
（路东之提供）

图27　1995年夏天相家巷村民挖粪坑时发现秦封泥的现场二
（路东之提供）

图 28　2018 年 8 月 3 日作者在北京古陶文明博物馆参观
考察秦封泥展示情况并座谈交流

三、好心人士收藏交献

要说今天的秦封泥多么重要、多么珍贵，是多么大的"宝贝"，我们不能忘记一个人，这个人叫阎小平，他是西安一家工厂的工人，是一个业余收藏爱好者。谈及经历，阎小平感慨地说："秦封泥是误打误撞上的。一开始我也不知道有没有价值，就想收集它；一枚花费有几十元的，也有几百元的不等；几年间我就收藏了几百枚，搭上了自己所有的积蓄。"

1996年初，得知市场上有人在收购封泥，阎小平思前想后决定将自己收藏的封泥交到陕西本地的文博单位。当时一个在文博部门上班的朋友，看了东西后觉得价值不大，拒绝接收。从此以后，阎小平心里没有底，再见到"泥坨坨"，就不敢花钱收藏了。

其间，让阎小平对秦封泥重要性认识不断提高的有两人，一个是路东之[①]，一个是周晓陆[②]。路东之于20世纪80年代末毕业于西北大学，酷爱收藏。他经常来西安尚朴路附近的集邮市场"收货"，收藏圈里送

---

① 路东之，1962年生于北京。1981年师从欧阳中石先生学习书法，1987年入西北大学作家进修班读书，1989年从西北大学毕业后弃职潜心投入小说、诗歌、绘画的创作。痴迷收藏考古。1995年制作《路东之收藏秦汉瓦当原拓本》60部，发现秦封泥并全力收藏、保护、研究。1996年举办"路东之收藏瓦当封泥展"，与周晓陆教授合作秦封泥课题，合著《秦封泥集》，创立北京古陶文明博物馆，与西北大学共同组织"首届新发现秦封泥学术研讨会"，公布秦封泥的重大发现，应聘为西北大学兼职副教授。2002年与周晓陆教授合作"新蔡战国封泥研究"课题，共同组织遗址考察并联名发表《发现原始封泥》等系列文章，2007年举办"古陶文明展——古陶文明博物馆开馆十周年纪念特展"，2008年出版《问陶之旅——古陶文明博物馆藏品掇英》。

② 周晓陆，1953年生，江苏南京人。1982年毕业于南京大学考古学专业。先后担任南京博物院保管部主任、西北大学文博学院教授、西北大学文博学院历史博物馆馆长、北京师范大学历史系文博专业博士生导师、西安美术学院教授、中国艺术与考古研究所所长。2011年起任南京大学教授、博士生导师。现为中国国家文物局专家库成员、教育部相关学科专家、夏商周断代工程重要数据提供人、中国科学院学术委员会委员。论著颇丰，其关于秦封泥、古天文"天再旦"等现象的研究具有开创性，在杂项鉴定、治印等方面造诣深厚。曾承担重大项目"夏商周断代工程——天再旦子课题"等国家及省级研究项目近十项，其中包括国家古籍整理出版项目《20世纪出土玺印集成》、国家教委项目"秦封泥与秦历史地理研究"、教育部项目《秦汉明器研究》、陕西省十五社科规划项目《读金日扎》、陕西省社科联项目《陕西窑洞研究》、《陕西出土建筑明器研究》等。出版专著12部，其中《文物鉴定秘要》获国家图书奖一等奖，《元押》获国家图书奖二等奖，《秦封泥集》获陕西省社科一等奖，《步天歌研究》获北京市图书二等奖，《汉字艺术》获陕西省社科三等奖，《西周及夏代天文学研究》获陕西省科技三等奖。发表论文89篇，其中国外学术刊物6篇，国内学术刊物83篇，SCT收录25篇。

他绰号"小北京"。之后，他们有幸结识。阎小平觉得："咱只是爱好，对着上面的字儿一窍不通，这些封泥应该给懂它的人去收藏、研究。"于是阎小平将自己收藏的部分封泥转给了路东之。

面对如此珍贵而巨大的先民遗产，路东之感到了沉重的责任。在对收藏的千余方封泥初步整理后，路东之携带部分实物找到西北大学的周晓陆先生。他俩一起开启了"秦文化发展史上又一次重大发现"——秦封泥前期的研究工作。属邦工室、属邦工丞、咸阳丞印、四川太守、废丘丞印、蘋阳丞印、阳陵禁丞、中车府丞、具苑等一大批属于秦一代的内容被他们释读和猜译出来。随着研究的不断深入，秦封泥发现的重大意义逐渐体现出来。

1996年12月，西北大学上报了"秦封泥研究课题"，很快成为"国家教委九五期间学术考古十大选题"之一。同时，由西北大学主持召开了秦封泥学术研讨会，轰动了秦汉史学界。1997年《西北大学学报》（哲学社会科学版）第1期专题刊发了李学勤、周晓陆、路东之、张懋镕、黄留珠、周伟洲、余华清、周天游等先生的首批研究文章；同年《考古与文物》第1期发表了周晓陆、路东之、庞睿的《秦代封泥的重大发现——梦斋藏秦封泥的初步研究》，公布了154枚墨拓图录。2000年三秦出版社出版《秦封泥集》，公布了部分封泥的研究成果。

秦封泥的发现被考古秦汉史学界称为："20世纪末秦封泥的大发现，可以与云梦秦简的发现媲美，是秦汉历史、考古工作者做梦都不敢想象的收获。""这是秦汉历史、考古学及中国古代职官、地理研究的一次里程碑式的极其重大的发现，其中大量的问题需要一代人甚至几代人的好好消化、研究。""90年代在西安大规模出土的秦封泥，是继秦兵马俑、秦简、秦木牍之后，秦地下文物的又一重大发现，具有重要的意义与重大价值。""是秦始皇批阅文书的遗物，是可以弥补《史记》《汉书》缺憾的珍贵文献。""是统一的中国封建王朝第一部百官表和地理志。""是50年来民间收藏领域最具学术价值的收藏和发现。"

阎小平从西北大学得知这些信息后，感到压力很大，自言自语地说："这回摊上大事了！真没有想到，这些不起眼的泥坨坨，竟这么重要。"他做出了一个重要的抉择："价值这么大的东西不能留在自己手中，应该放到专业的收藏机构里。"于是，就有了1997年春，阎小平将自己收藏的600多枚秦封泥全部交献给西安中国书法艺术博物馆的义举。

1997年4月9日《书法报》第15期中，倪志俊撰写《空前的考古发现，丰富的瑰宝收藏——记西安北郊新出土地点的发现及西安中国书法艺术博物馆新入藏的大批封泥精品》报道，公布了左丞相印、右丞相印、郎中、丞印、中正、少府等25枚秦封泥的墨拓件。1997年《收藏》第6期中，傅嘉仪、罗小红又以《汉长安城新出土秦封泥——西安中国书法艺术博物馆藏封泥初探》一文阐述了这批秦封泥发现的重要意义，主要有三个方面：一是提供了丰富的史料，填补了秦史研究的空白；二是提供了秦汉玺印与封泥的断代标准；三是为书法篆刻艺术工作者、古文字研究者提供了宝贵的实物资料。同时，公布了郎中左田、内史之印、咸阳亭丞、杜丞之印、邯郸造工等40枚秦封泥彩版原拓件，在书法篆刻界产生了积极反响。

图29　秦封泥抢救性发掘现场
（图出自《收藏》1997年第6期）

图 30　西安中国书法艺术博物馆原馆长、研究员傅嘉仪释读秦封泥

（图出自《收藏》1997 年第 6 期）

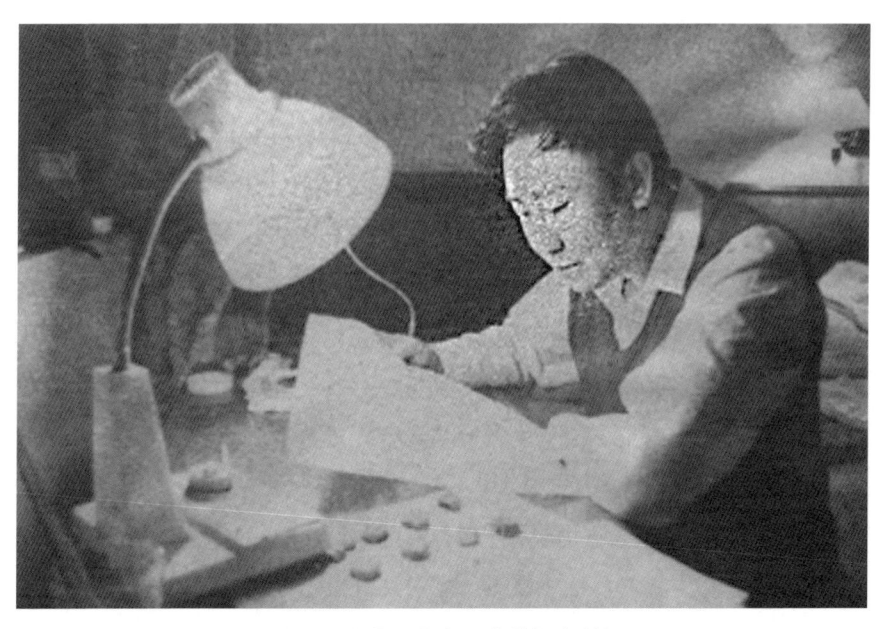

图 31　文物工作者正在钤拓秦封泥

（图出自《收藏》1997 年第 6 期）

图32 《书法报》
（1997年4月9日第1版）

图33 《收藏》1997年第6期封面

2014年4月在陕西省西安市文物局、西安市委宣传部和西安城墙管委会的主持下，以馆藏251枚秦封泥为展品的"秦封泥特展"在大明宫国家遗址公园的西安中国书法艺术博物馆震撼亮相。之后，我们又精选了100枚秦封泥代表作送陕西省文物局文物鉴定委员会进行评级。2015年2月9日，西安中国书法艺术博物馆召开新闻发布会，宣布馆藏秦封泥中首批100枚秦封泥被定为国家等级文物。曾经为保护交献秦封泥做出突出贡献的阎小平先生，应邀出席会议，并被聘为西安中国书法艺术博物馆永久荣誉馆员，西安城墙管委会主任助理刘冬为其颁发证书。他高兴地对记者说："交献文物，我从来都没有后悔过。"

另外，值得关注的是在同批封泥中的250枚秦封泥，2004年9月24日由南京艺兰斋美术馆从日本收藏家太田博史手中获得，其中有郎中西田、弩弓室、高栎苑丞、南郡府印、蜀大府、堂邑、尚惟、尚卧等20多枚，均为前公布信息中没有见到的，期待详细的藏品资料向公众展示。

图 34　2015 年 2 月 9 日秦封泥交献人阎小平被西安中国书法艺术博物馆聘为永久荣誉馆员

第四章　秦封泥印章及其文字特点

一、"田"字格模式

　　印章界格，是这批封泥断代的分水岭。中国篆刻，是我国特有的历史文化产物，2009年10月其和中国书法双双入选人类非物质文化遗产代表作名录。秦封泥是秦印艺术的再创造。秦印和汉印共同创造了中国印章艺术发展史上的第一个高峰。我们经常说汉承秦制，而印章艺术最具代表性，无论从文字、体式、称谓、官制等方面，都可以看出承前启后的遗痕。

　　秦印中的篆字体称作秦篆（也即小篆），汉印中的篆字体称作汉篆。秦印和汉印最大的区别有三点：一是秦印常有"田"或"日"字界格；汉印逐步取消了界格。二是秦印文字以小篆为宗，典雅规范；汉印在小篆的基础上，学习秦隶精神，形成了介乎隶书和楷书之间的八分书，特色独具。三是秦印注重实用，印文多为白文，凿多于铸，字形略长，笔画圆转舒展；而汉印崇尚务实，随物赋形，因势成章，形体方正，仪表端庄，显示出宽博大气的艺术风格，汉封泥同样也展示出博大精深的气象。

| 昌武君印 | 南海司空 | 右厩将马 | 上林郎丞 |

| 中官徒府 | 泰上寑左田 | 左礜桃支 | 芷阳少内 |

图35　秦代官印模式（一）

| 弄狗厨印 | 长夷泾桥 | 法丘左尉 | 雍丞之印 |

| 中行羞府 | 左田之印 | 御府丞印 | 南池里印 |

图36　秦代印官模式（二）

第四章　秦封泥印章及其文字特点

37

秦封泥 概论

| 左丞相印 |  右丞相印 |  郎中丞印 |  宗正 |
|  少府 |  章厩丞印 |  中厩丞印 |  右厩丞印 |

图37　秦代封泥模式（三）

| 宫厩丞印 |  内官丞印 |  太仓 |  公车司马丞 |
|  少府工丞 |  少府榦丞 |  左乐丞印 |  中车府丞 |

图38　秦代封泥模式（四）

38

淮阳王玺	舞阳丞印	琅邪①相印章	安昌侯家丞
安西将军司马	奉车都尉	观雀台监	诏假司马

图 39 汉代官印模式（五）

灵州丞印	昌县马丞印	关外侯印	关中侯印
大医丞印	山阳尉印	未央厩丞	侯丞之印

图 40 汉代官印模式（六）

---

① 琅邪：今作琅琊，是山东东南部的古地名。后文出现均保留原印名。

| 都昌左尉 |  阆中右尉 |  白水左尉 |  壮武丞印 |

| 开陵丞印 |  堂邑丞印 |  瑕丘邑令 |  临武长印 |

图41 汉代封泥模式（七）

| 成固令印 |  少府铜丞 |  洛阳宫印 |  上郡库令 |

| 城阳中尉 |  汉中太守章 |  九真太守 |  城阳郡尉 |

图42 汉代封泥模式（八）

40

二、品相的意境

秦封泥的意境美妙、深邃，惹人喜爱。笔者最初是从宗白华《美学散步》里的一句话"一切美的光是来自心灵的源泉：没有心灵的映照，是无所谓美的"[1]得到启示，因而就天天看，时时看，可谓视之掌上明珠一般，于是就有了"阴"变"阳"、"色"与"相"、"粘"和"连"的感悟。

（一）摹印文字"阴"变"阳"的境界

秦封泥文字，来源于秦印文字，秦印文字又源于"秦书八体"中的摹印[2]。摹印，指用于印章上的篆书，形体略方，笔画平直，与小篆略同，开汉印缪篆之先河。把这种书体称为摹印体，是因为在刻印之前，已根据印的大小、字的多少、笔画的繁简、位置的疏密，进行了规划安排（即规摹），如图43列举的丰丞（图43–1）、左田之印（图43–9）、中行羞府（图43–13）、左礜桃支（图43–19）等秦印，这些印文均为阴文，即白文，大多带有"田"字格或"日"字格，充分体现了秦代官印的基本特征。

玺印，在秦代有着严格的管理和使用制度，由官方制作并郑重颁发。作用于封泥之后，文字不仅由"阴"变"阳"，且笔画亦由粗变细，成为名副其实的"细朱文"，如泰仓（图43–4）、发弩（图43–6）、代马丞印（图43–12）、雍丞之印（图43–18）等，这种劲挺秀丽、圆润流畅的细朱文，似乎让我们实实在在地看到了秦小篆最初那种长方形的结体，圆起圆收的运笔法，均匀对称的布局法，文字造型上的象形性，以及图案式的装饰美。

---

[1] 宗白华：《美学散步》，上海人民出版社1981年版，第70页。
[2] 许慎：《说文解字叙》，中华书局1963年版。

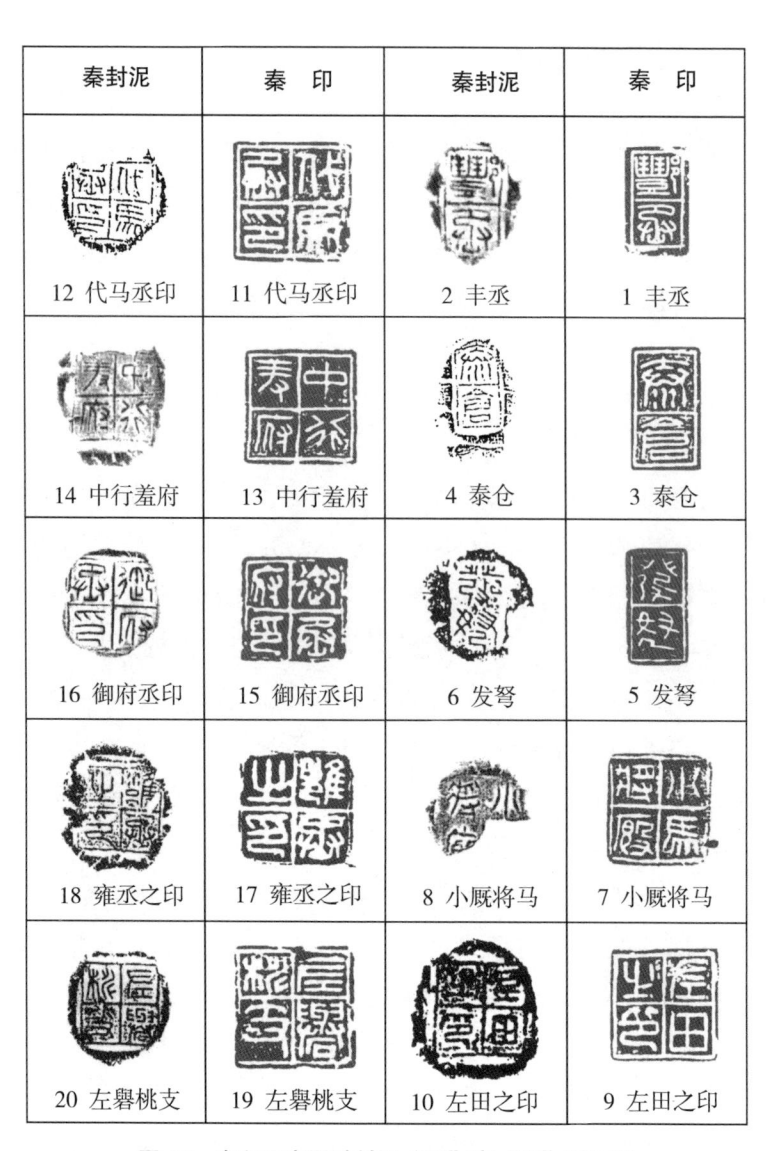

秦封泥	秦印	秦封泥	秦印
12 代马丞印	11 代马丞印	2 丰丞	1 丰丞
14 中行羞府	13 中行羞府	4 泰仓	3 泰仓
16 御府丞印	15 御府丞印	6 发弩	5 发弩
18 雍丞之印	17 雍丞之印	8 小厩将马	7 小厩将马
20 左礜桃支	19 左礜桃支	10 左田之印	9 左田之印

图43　秦印文字通过封泥"阴"变"阳"对比图

唐张怀瓘在《书断》中说李斯小篆,画如铁石,字若飞动,并赞曰:"李君创法,神虑精微,铁为肢体,虬作骖腓,江海渺漫,山岳峨巍,长风万里,鸾凤于飞。"这种境界,通过秦封泥这方寸之地展示出来,实为一大景致。尤其是秦封泥成功地完成了摹印向小篆的转化,这是其他载体的艺术形式无法比拟的。

阴和阳，来源于伏羲时代"易"的思想。《说文解字》对易的解释，一是"日月为易象阴阳也"；二是象形，"蜥蜴蜓蜓守宫也"；三曰"从易"。①后人总结出易的三个特点："不易""变易""简易"。早在7000多年的伏羲时代，已用简单、明确、实用的示意符号反映天、地、人万物的运动变化规律；2000多年前的秦人又用竹简（或木牍）记事，然后在成捆包扎好的简牍之上，缄之一绳，封之一泥，抑之一印。"以检奸萌"，从一个侧面反映了人类社会的进步，而这种神秘的"变易"，让2000年后的人们去发现、去感受，实在是天地间的一种造化、一种福分。

（二）封泥泥丸"色"与"相"的境界

宗白华在《中国艺术意境之诞生》一文中指出，人与世界接触，因关系的层次不同，可有五种境界，简言之，一是功利境界，二是伦理境界，三是政治境界，四是学术境界，五是宗教境界。他把介乎后两者中间，以宇宙人生的具体为对象，赏玩它的色相、秩序、节奏、和谐，借以窥见自我的最深处心灵的反映，化实景而为虚境，创形象以为象征，使人类最高的心灵具体化、肉身化，称作艺术境界。②发现并出土于西安北郊汉长安城遗址的秦封泥，不仅破天荒地向世人再现了秦代诸多官印的真面目，而且系统地展示了秦小篆书法的无限魅力。

出土于西安北郊汉长安城遗址的大量秦封泥，是秦代文书封缄制度的遗物，是实实在在的当时实用的官印的"翻版"。秦官印存世很少，今天我们看到的极少的秦印，多半是供殉葬的明器，其艺术性与秦封泥是无法相比的。

西安中国书法艺术博物馆，是目前国内外八家秦封泥收藏单位之一。其收藏数量不是最多，但品质最好。700多件藏品中，就有350多个品种，基本涵盖了绝大多数已知秦封泥的品种，且品相较好。图43中列举的

---

① 许慎：《说文解字》，中华书局出版1963年版，第198页。
② 参见宗白华：《美学散步》，上海人民出版社1981年版，第69—70页。

20枚秦封泥影印件，是1997年在《收藏》第6期上公布的部分精品，真可谓五颜六色、异彩纷呈。

许多汉代的封泥原坨，大多显示的是清一色的黄土色，如此带有色彩的秦封泥还很少见，其中一些封泥会让人体会到如一首优美的诗，如一幅精美绝伦的画，如图44中黄中泛绿的高章宦丞（图44-6）、特库之印（图44-18）、左礜桃支（图44-19）、宫司空印（图44-20）；深紫色的宫厩丞印（图44-3）、般阳丞印（图44-4）、永巷丞印（图44-11）、居室丞印（图44-12）；灰中显蓝色的永巷（图44-9）、少府工室（图44-17）等等。

西安中国书法艺术博物馆藏品品质较高，仔细分析其中的奥秘，大致有三种原因。其一，这部分封泥，规格都比较高，大部分是"三公九卿"之属官，最高级别是左丞相和右丞相，亦有100余枚郡县封泥。出土秦封泥的地方，2000多年前曾经是秦始皇处理朝政之所，因而这部分封泥可能是秦始皇亲自拆封过的遗物，由此推理，其从丸泥的选用、丸制、钤盖都比较讲究。其二，在秦代有青泥和紫泥之别。青泥为一般黏性泥土，《东观汉记》有记载，如云（某人）"好以青泥封书"；紫泥产于阶州武都（其地在今甘肃西和县西南），以色紫而得名，汉时曾作为贡品，专供皇帝封玺之用，且有泥沼之谓，李贤注引蔡邕《独断》中有"皇帝玺……皆以武都紫泥封之"的记载，唐白居易也有"坐卷朱里幕，看封紫泥书"的诗句。其三，各郡县报来的竹简（或木牍）文书，由于所处的地域土质的不同，选用封泥及封泥最后所形成的颜色也会有别。如褐土（黄黑色），主要分布于暖温带半温润和半干旱山地和丘陵地区，最大的特点是有明显的黏化现象，表层为灰褐色，是做封泥的上等原料。从来自这一地区置县封泥的形状色泽均可以看出，其品相的完好率较高。诸如浮阳丞印、夷舆丞印、蒲反丞印、河间尉印、平城丞印、徐无丞印等。

无论是青泥还是紫泥，都要经过丸制，方封玺书（名称有"一丸封""一丸泥""丸泥封""泥丸封""丸泥封函关"等），有的甚至

16 安台丞印	11 永巷丞印	6 高章宦印	1 寺工丞印
17 少府工室	12 居室丞印	7 北宫丞印	2 寺从丞印
18 特库之印	13 乐府	8 杜丞之印	3 宫厩丞印
19 左礜桃支	14 云阳丞印	9 永巷	4 般阳丞印
20 宫司空印	15 吴丞之印	10 车府	5 郡左邸印

图44 秦封泥泥丸"色"与"相"实图

还经过小火烘焙，干后硬度更大。今天我们看到这些似圆非圆、似方非方的带有文字的"泥坨坨"，经过了2000多年地下的侵蚀，能依然如初地展示在我们面前，并呈现出千姿百态的神韵和风貌，简直是一种享受。10多年前，笔者曾在《西安北郊新出土秦封泥的印学意义》（《中国书法》1998年第6期）一文中，把这种震撼人之心灵的泥块，称之为"自然精妙的小宇宙"①，旨在让人们进一步去认识、体会这来自自然界的"养心"尤物。

(三) 墨拓款式"粘"和"连"的境界

1997年初在时任西安中国书法艺术博物馆馆长傅嘉仪先生的主持下，该馆收藏了秦封泥中的精品，并由专业人员进行了正面和背面的墨色打拓，形成了一套完整的封泥资料。正如傅嘉仪先生在《秦封泥汇考》序言中说："这批封泥恰好弥补了秦印传世较少的缺憾，为近代篆刻艺术鉴赏开辟了新的天地和途径"②。2010年6月西安中国书法艺术博物馆大明宫新馆建成后，在书法文物展示中特意开辟了五个专柜，陈列了100枚具有代表性的秦封泥，让中外游客一睹原坨的神采和墨拓的精美。

如果说秦印作用于秦封泥是秦印艺术的再创造的话，那么，秦封泥打成墨拓则可以说是秦封泥意境的又一次升华。水和墨是构成中国山水画的主要元素。瑞士思想家阿米尔曾说："一片自然风景是一个心灵的境界"。元人汤采真在论及意境与山水时指出："山水之为物，禀造化之秀，阴阳晦冥，晴雨寒暑，朝昏昼夜，随形改步，有无穷之趣，自非胸中丘壑，汪汪洋洋，如万顷波，未易摹写。"③展现在我们面前的这些秦封泥墨拓，边栏宽博而生动，如府印（图45-1）、外乐（图45-3）、宫司空丞（图45-16）、栎阳右工室丞（图45-20）；有的文字虚弥而朦胧，如典达（图45-2）、章台（图45-4）、左礜桃支（图45-9）、邯郸之丞（图45-10）；有的文字和边栏极力亲和，如泾下家马（图45-7）、西方谒者（图45-8）、泰官丞印（图45-17）、商丞之印（图45-19）；有的形体则亭亭玉立，如西盐（图45-5）、少府工丞（图45-6）、杜丞之印（图45-11）、中车府丞（图45-12）等等。

---

① 庞任隆：《西安北郊新出土秦封泥的印学意义》，载《中国书法》1998年第6期。
② 傅嘉仪编著：《秦封泥汇考》，上海书店出版社2007年版，"自序"，第8页。
③ 宗白华：《美学散步》，上海人民出版社1981年版，第72页。

16 宫司空丞	11 杜丞之印	6 少府工丞	1 府印
17 泰官丞印	12 中车府丞	7 泾下家马	2 典达
18 郡右邸印	13 小厩丞印	8 西方谒者	3 外乐
19 商丞之印	14 乐府丞印	9 左礜桃丞	4 章台
20 栎阳右工室丞	15 咸阳之印	10 邯郸之丞	5 西盐

图 45　秦封泥墨拓款式"粘"和"连"效果图

　　秦封泥的墨拓枚枚都不一样，即便是相同的两个字或四个字，表现出的手法也各有千秋。不能不说这是大自然的造化，而非人工专门能为之的。图 45 列举的，只是秦封泥墨拓中的一个缩影。和秦兵马俑一样，秦封泥不仅"千人千目千面"，而且原坨和墨拓都各展异彩，彰显出独有的艺术魅力和"养气"境界。

三、秦封泥文字与边栏的特点

（一）文字特点

秦封泥文字的特点，主要表现为印文文字的结构和章法的构成，也就是经纬纵横的线条对空间的分割和界定。秦官印印文布局虽受"田"字格或"日"字格所限，却并不呆板，文字排列有顺有逆，有横列，亦有交叉，绝大部分则为右起竖读排列。字的结体一般为修长、方正、长扁三种，规范中显示出微妙的差异。

1. 方正平整

秦代官方所推崇的是规范、雅化的风格，引导印文书法趋向平整方正。这在秦官印封泥及秦刻石中均有体现，如寺从丞印、寺工丞印、居室丞印、走翟丞印。

图46　秦封泥与墨拓文字模式（一）

2. 便捷率意

在平整化占主导地位的秦封泥中，仍有风格率意的封泥数枚。印文体势欹侧天然，圆活灵动，风格上更接近秦诏版、权量、铜器文字，流露出战国秦风的遗韵。其中"中""巷"等字，仍保留大篆的写法，如中府丞印、中厩丞印、永巷丞印、永巷。

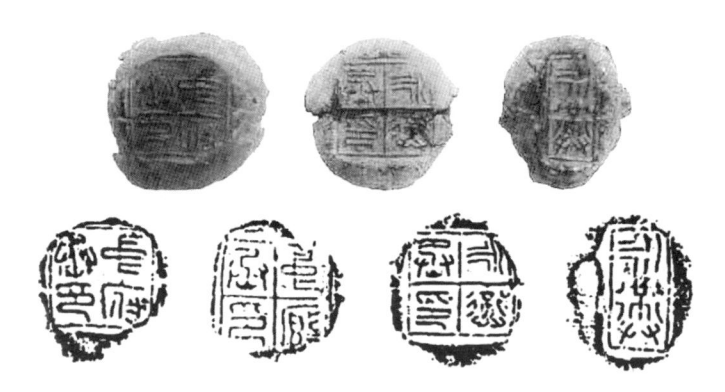

图47 秦封泥与墨拓文字模式（二）

3. 变化丰富

秦封泥文字虽然是在特定的方寸之间排列组合而成的，但文字内容相近的封泥，在布局上却显示出丰富的变化，如左丞相印、右丞相印，印文虽然都处在"田"字格中，但是排列组合却相反，前者从左至右旋读（顺时针），后者从右至左竖读。"右丞"两字字势揖向左方，"相"字右半的"目"字中两横下斜向右，"印"字也有同样笔势；"左""印"二字向右相应，"丞相"二字向左顾盼，双双相对。诸如此类还有郡左邸印、郡右邸印。

图48 秦封泥与墨拓文字模式（三）

4. 挺拔刚毅

挺拔刚毅的线条风格，主要表现在方形两字印文中。其字结体修长、纤细、挺直且光滑，延展、刚毅、坚定、明快中显示出顿挫的观感，尤其是纵横线条中若断若连的处理，正是含蓄风格的写照，如宗正、少府、聂华、中厩。

图 49　秦封泥与墨拓文字模式（四）

5. 蜿蜒劲秀

蜿蜒劲秀的线条风格，多表现在四字以上的封泥中。这类线条一般具有虚涵、纤丽、温柔、运动之感，特别是斜线、圆笔的巧妙组合，使此类封泥更加显示出峭劲的气象，如咸阳工室丞、美阳丞印、西方谒者、𨞪丞之印。

图 50　秦封泥与墨拓文字模式（五）

（二）边栏特点

秦封泥最有意思、最具神秘特色的就是边栏艺术。边栏是印章的重要组成部分。封泥既由印章按出，边栏也就成了封泥艺术构成的一部分。事实上，秦封泥文字的意境，主要来自虚实变化的印文、紧束整齐的界格与剥蚀漫漶的边栏有机融合所产生的艺术效果。秦封泥四侧的边栏多宽厚而附变化，古拙而不板滞，实中见虚、虚中见灵，气格雄壮而意蕴纯朴。"田""日""目"等几种界格的运用，产生了形式上井然有序，风格上貌古神虚的视觉效果。

1. 虚涵朦胧

这类秦封泥的文字与边栏乍一看似乎浑浑浊浊、虚虚实实、星星点点、断断续续，给人留下不甚清晰的印象，实际上这正是秦封泥独有的一种艺术形式，如章台、属邦丞印、雍丞之印、南郑丞印。

图51　秦封泥与墨拓文字模式（六）

2.静穆饱满

这类封泥文字的界格与边栏清晰分明，线条舒展，界格平直，完整宽厚，显示出秦官印方方正正、精神饱满的个性特征，如典达、商丞之印、乐府丞印、临晋丞印。

图52　秦封泥与墨拓文字模式（七）

四、地名的意义

地名是有社会性、时代性、地域性的。

秦封泥不仅展示了郡县设置的情况，同时也再现了一批鲜为人知的地名。在2200多年的历史变迁中，有的地名发生了更替，有的还一直在沿用，如高陵、蓝田、云阳一直沿用至今；有的则更改了几百年，可如今又恢复回来，如下邽一度改为下吉，之后又恢复原名下邽；有的地名虽在，但地理位置发生了变化，如秦汉时栎阳城，位于今西安市阎良区武屯镇，而唐代栎阳城则在今西安市临潼区栎阳镇。由此看来，秦封泥的发现和出土，对地名和郡县制的研究具有一定的意义。现以西安中国书法艺术博物馆馆藏秦封泥为例，分关中诸郡、山东南部诸郡、山东北部诸郡、淮汉以南诸郡四部分展示秦置郡县与治今。

表1　西安中国书法艺术博物馆馆藏百枚秦封泥所展示的郡县与地名简表

分区	所属郡	秦置郡县名称（地名）与治今	原始图录或墨拓	馆藏数量
关中诸郡	内史	咸阳丞印。咸阳，古都邑名，公元前350年秦孝公自栎阳迁都于此，其地在今陕西省咸阳市东北		1品
		酆丞。酆即丰，古都名，与镐京同为西周国都，秦时为酆县，在今西安市西南沣河以西		1品
		频阳丞印。频阳，县名，今陕西富平东北五十里		1品
		重泉丞印。重泉，县名，今陕西蒲城县东南五十里		1品
		宁秦丞印。宁秦，县名，今陕西渭南华阴县东南		1品
		戏丞之印。戏，邑名，在新丰县东南三十里；又为县名，在今西安市临潼区东北四十里的戏水处		1品
		下邽丞印。下邽，县名，今陕西渭南市固市镇东南		1品
		蓝田丞印。蓝田，县名，今西安市蓝田县西三十里		1品
		杜丞之印。杜，县名，今西安市西南山门口北沈村		1品
		芷阳丞印。芷同芷，即芷阳，县名，在今西安市东北临潼区韩峪乡一带		1品，另有芷丞之印1品（独有）

52

续表

分区	所属郡	秦置郡县名称（地名）与治今	原始图录或墨拓	馆藏数量
		高陵丞印。高陵，县名，今西安市高陵县西南		1品
		栎阳丞印。栎阳，古县名，公元前383年秦献公于此建都，故城在今西安市阎良区武屯镇东北古城屯		1品
		临晋丞印。临晋，县名，陕西渭南市大荔县朝邑镇南		1品
		云阳。云阳，县名，在今陕西省咸阳市泾阳县北		1品
		怀德丞印。怀德，县名，今陕西渭南富平县南十里		1品
		废丘。废丘，古邑名，原名大丘，后名槐里，周懿王自镐京迁都于此，治今原记载在陕西省咸阳市辖兴平市东南十里的南佐村。2019年3月公布的最新的考古资料显示，其遗址在今西咸新区沣西新城的东马坊村。 废丘丞印。废丘丞为废丘令的佐官		2品
		斄丞之印。斄同嫠，嫠，县名，今咸阳市武功县西南		1品
		美阳丞印。美阳，县名，今陕西省咸阳市武功县西南		1品

第四章 秦封泥印章及其文字特点

53

续表

分区	所属郡	秦置郡县名称（地名）与治今	原始图录或墨拓	馆藏数量
		雍丞之印。雍同雝，本春秋雍邑，公元前677年秦德公迁都于此，治今陕西省宝鸡市凤翔县南		1品
		郭丞之印。郭同虢，虢，县名，在今陕西省宝鸡市虢镇。郭丞应为秦时虢县之官吏		1品
		漆丞之印。漆，县名，今陕西省咸阳市彬县东		1品
		好畤丞印。好畤，县名，今陕西省咸阳市乾县东好畤村		1品
		商丞之印。商，古县名，战国秦置县，秦汉沿之。其县治在今商州市丹凤县		1品
		上雒丞印。上雒，春秋楚邑，战国秦置县，其地在今陕西省商州市商州区东南孝义古城（以界河为线）		1品
	陇西郡	略阳丞印。略阳，县名，今甘肃省天水市秦安县东北三十里。陕西省汉中市西南亦有略阳县，但非一地		1品
	北地郡	安武丞印。安武，县名，今甘肃省灵台县西五里		1品
		彭阳丞印。彭阳，县名，今甘肃省镇原东南		1品

54

续表

分区	所属郡	秦置郡县名称（地名）与治今	原始图录或墨拓	馆藏数量
		西共丞印。西共，一为地名，即古阮氏国所属之共地，在今甘肃省泾川县；一为共官，设置于西县之共官		1品
		阴密丞印。阴密，县名，故城在今甘肃灵台县西五里		1品
		长武丞印。长武，县名，治今在甘肃省泾川县东南		1品
		朐衍道丞。朐衍道，其置官同于县置，有令、丞、尉，在今宁夏盐池县境		1品
		方渠除丞。方渠，县名，在今甘肃省环县南；除道县，治今不明，可能与秦始皇修直道有关，待考		1品
	上郡	洛都丞印。洛都，县名，在今陕西省榆林市南部		1品
		翟道丞印。翟道，县名。翟即狄，居住于我国北方的少数民族。翟道当为狄人聚居所置县，故城在今陕西省黄陵县西		1品
山东南部诸郡	泗水郡	四川太守。四川，即泗水，故秦泗水郡，郡置守、尉、监。太守为战国时尊称，为一郡的最高长官。治今安徽省淮北市，即安徽省濉溪县西北		1品
		徐丞之印。徐，县名，故城在今安徽省泗县		1品

55

续表

分区	所属郡	秦置郡县名称（地名）与治今	原始图录或墨拓	馆藏数量
		僮丞之印。僮，县名，故城在今江苏省泗州东北		1品
		晦陵丞印。晦应读为海，海陵，县名，故城在今江苏省泰州市		1品
		相丞之印。相，县名，故城在今安徽省宿州西北		1品
		新城父丞。城父，古邑名，春秋陈邑，又名夷。城父县，一在今河南省宝丰县东四十里，一在安徽省亳县东南。新城父，当属二者之一		1品
		符离。符离，县名，在今安徽省宿州市北		1品
		虹丞之印。虹，县名，故城在今安徽省五河县西		1品
		下相丞印。下相，县名，故城在今江苏省宿迁市西		1品
		彭城丞印。彭城，相传尧封彭祖于此，为大彭氏国；春秋时宋邑，秦置县，故城在今江苏省徐州市铜山区		1品
	东海郡	东晦司马。东晦应即东海。东海司马，应为东海郡司马，治今山东省郯城北		1品
		堂邑丞印。堂邑，古县名，春秋时楚棠邑，后属呈，称堂邑，在今江苏省六合区北		1品

续表

分区	所属郡	秦置郡县名称（地名）与治今	原始图录或墨拓	馆藏数量
		游阳丞印。游阳，县名，在今江苏省东北		1品
		承印。承，县名，在今山东省枣庄市东南		1品
		郯丞之印。郯，县名，在今山东省临沂市郯城县		1品
		新东阳丞。东阳，县名，故城在江苏淮安市盱眙县东七十里，淮水以南。东阳亦曾为古邑名、古地区名。新东阳何指，待考		1品
	东郡	东武阳丞。东武阳，地名，故城今山东省聊城市朝城县西四十里		1品
		东阿丞印。东阿，故城今山东省聊城市阳古县东北五十里		1品
		济阴丞印。济阴，郡、国名，治今山东省菏泽市定陶区西北		1品
	三川郡	女阳丞印。女同汝，女阳，即汝阳县，今河南省周口市商水区西北		1品
		卢氏丞印。卢氏，古县名，今河南省三门峡市卢氏县		1品
		缑氏丞印。缑氏，县名，故城今河南省洛阳市偃师县西南二十里		1品

第四章 秦封泥印章及其文字特点

57

续表

分区	所属郡	秦置郡县名称（地名）与治今	原始图录或墨拓	馆藏数量
		雒阳丞印。雒即洛，洛阳县，今河南省洛阳市		1品
		安丰丞印。安丰，县名，故城在今河南省信阳市固始县东南		1品
		鄏丞之印。鄏，县名，治今河南省永城市鄏镇。另外，南阳郡亦有一鄏县，在今湖北省光化县西北即老河口市		1品
		芒丞之印。芒，县名，在今河南省永城市北		1品
	砀郡	下邑丞印。下邑，县名，故城在今安徽省宿州市砀山县		1品
		薄道。薄同薄，薄，县名，今山东省菏泽市曹县南二十里。薄道丞印。秦时设立在薄县之佐官		1品 1品
		新城父丞。城父，本为楚邑。其地在今河南省平顶山市宝丰县西四十里。又春秋陈夷邑，汉置城父县。《汉书·地理志》载属沛郡。故城在今安徽亳市东南。新城父当属二者其一		1品
	颖川郡	长社丞印。长社，县名，故城在今河南省长葛市西		1品
		新阳城丞。阳城，县名，在今河南省登封市东南告城镇；另外，南阳郡南阳市东北亦有阳城一地，有无新旧之别，待考		1品

续表

分区	所属郡	秦置郡县名称（地名）与治今	原始图录或墨拓	馆藏数量
		颖阳丞印。颖阳，县名，在今河南省许昌市西南		1品
		阳夏丞印。阳夏，秦置县，在今河南省周口市太康县		1品
		女阴。女即汝。汝阴，县名，在今安徽省阜阳市		1品
		新蔡丞印。新蔡，古邑名，在今河南省驻马店市新蔡县		1品
	陈郡	南顿丞印。南顿，古都县邑名，春秋时顿国为陈国所迫南迁故名，在今河南省周口市项城市西		1品
		慎丞之印。慎，县名，故城在今安徽省阜阳市颍上县西北四里		1品
		淮阳弩丞。淮阳，郡、国名，秦曾置陈县，其地在今河南淮阳，即河南东部、颍河北岸。弩为秦时先进的武器之一，弩丞是设在淮阳负责制造弩的佐官		1品
		鲁阳丞印。鲁阳，县名，在今河南省平顶山市鲁县		1品
	南阳郡	西陵丞印。西陵，县名，在今湖北省宜昌府楚西陵地		1品
		吕丞之印。吕，古国名。春秋宋邑，故城在今江苏省徐州市铜山区北		1品

59

续表

分区	所属郡	秦置郡县名称（地名）与治今	原始图录或墨拓	馆藏数量
	琅邪郡	郏丞之印。郏，县名，故城在今山东省胶州市南		1品
		阳丞之印。阳，古国名；城阳国有阳都县，故城在今山东省临沂市沂水县南		1品
	薛郡	任城、任城丞印。任城，县名，故城在今山东省济宁市		1品
		蕃丞之印。蕃同藩，鲁国有蕃，古时称分封及臣服的各国为蕃国，治今山东省滕州市境内		1品
		鲁丞之印。鲁，县名，在今山东省曲阜市		1品
	济北郡	卢丞之印。卢，县名，在今山东省长清区		1品
		般阳丞印。般阳，古县名，因在般水之阳得名，在今山东省淄博市西南淄川区		1品
山东北部诸郡	巨鹿郡	河间尉印。河间尉，即河间郡尉的省称，为主管河间郡的最高军事长官。河间郡在今河北省沧州市献县东南		1品
		浮阳丞印。浮阳，县名，在今河北省沧州旧城东南四里卧牛城		1品
	邯郸郡	邯郸之丞。邯郸，即邯郸郡，在今河北省邯郸市。邯郸丞，为邯郸郡之佐官		1品

60

续表

分区	所属郡	秦置郡县名称（地名）与治今	原始图录或墨拓	馆藏数量
		邯郸造工。造工，秦之工官名。邯郸造工即秦设在邯郸之工官		1品
		邯造工丞，邯为邯郸省称。造工丞即为造工之属吏		1品
	上谷郡	夷舆丞印。夷舆，县名，在今河北省延庆区东南		1品
	右北平郡	徐无丞印。徐无，县名，故城在今河北省唐山市遵化市西		1品
	雁门郡	平城丞印。平城，县名，在今山西省大同市东北		1品
	恒山郡	恒山侯丞。恒山郡，即常山郡，其地在今邯郸之北。侯是一种武官，秦时中央官署及郡、国均设有侯。侯丞为佐官		1品
		寿陵丞印。寿陵，一为古县名，燕赵地名，治今不详；二为陵邑，即秦孝文王陵邑，其地待考		1品
	河东郡	蒲反丞印。蒲反，县名，在今山西省永济西		1品
		安邑丞印。安邑，古邑县名，相传夏禹建都于此，故城在今山西省运城市夏县北		1品
	河内郡	温丞之印。温，县名，故城在今河南省焦作市温县西南三里		1品

第四章 秦封泥印章及其文字特点

61

续表

分区	所属郡	秦置郡县名称（地名）与治今	原始图录或墨拓	馆藏数量
	代郡	代马丞印。代，即代郡，在今河北省蔚县东北。代马丞，即代郡主马政的官吏		1品
淮汉以南诸郡	九江郡	寿春丞印。寿春，战国楚邑，秦县，故城在今安徽省淮南市寿县西南		1品
		历阳丞印。历阳，县名，在今安徽省马鞍山市和县		1品
		虖娄丞印。虖同雩。雩娄，县名，故城在今河南省东南端，大别山北麓，灌河上游，邻接湖北、安徽两省		1品
	汉中郡	南郑丞印。南郑，周代古邑，秦置县，在今陕西省汉中市南郑区东		1品
		旱丞之印。旱，即旱山，又名汉山，在今陕西省汉中市南郑县西南六十五公里。旱丞，当是管理旱山祠礼之佐官		1品
	巴郡	阆中丞印。阆中，县名，在今四川省成都市北部，嘉陵江上游		1品
	会稽郡	吴丞之印。吴，县名，在今江苏省苏州北		1品
宫殿苑囿		东苑。东陵之禁苑。《史记·梁孝王世家》："于是孝王筑东苑，方三百余里。"或以为孝王东苑在秦东苑基础上扩建，地在今商丘市东南。 东苑丞印。东苑丞为东陵令之副职		1品 1品

续表

分区	所属郡	秦置郡县名称（地名）与治今	原始图录或墨拓	馆藏数量
		上寝。上，尊位所在。寝，寝卧之处。上寝即为秦都寝宫之一。《史记·秦始皇本纪》记载：秦公共景共居雍寝，秦桓公居雍太寝，秦躁公居雍受寝。由此知上寝为秦都咸阳寝宫之一。		1品
		泰上寝。管理始皇之父庄襄王陵寝祭祀的机构		1品
		康泰□寝。宫室名。康泰，安乐太平。寝，寝宫。秦人常以祈求康乐之字命名宫室，如兴乐宫等		1品
		华阳丞印。秦时名华阳之地有多处。一为秦太子宫名，治今西安市北郊汉长安城内。二是《尚书·禹贡》："华阳黑水惟梁州"。伪孔传："东据华山之南，西距黑水。"以其说华阳在华山之阳，其地在今商洛地区。华阳丞为华阳令之佐官。		1品
		华阳禁印。秦太子宫名		1品
		卢山禁丞。卢山在山东诸城市南三十里。《史记·秦始皇本纪》："始皇出游十一月，行至云梦……北至琅邪。"秦始皇晚年喜欢出游，多宿于禁苑。云梦有禁苑。卢山在北游琅邪道上，亦应有禁苑		1品
		南宫郎中。南宫，宫殿名。《史记集解》载咸阳有"南宫"，《舆地志》"秦时已有南、北宫"。郎中，官名，属郎中令。南宫郎中当为执掌南宫门户、出充车骑的官员		1品
		南宫郎丞。执掌南宫门户、出充车骑的佐官		1品
		北宫工丞。北宫，秦汉宫殿名。《舆地志》载"秦时已有南、北宫"。北宫工丞当为北宫工室丞之省称		1品

第四章 秦封泥印章及其文字特点

63

续表

分区	所属郡	秦置郡县名称（地名）与治今	原始图录或墨拓	馆藏数量
		章台。章台即章台宫之省称，是战国时秦国之离宫，建于秦惠王时代，历史上著名的张仪骗楚及蔺相如献和氏璧的故事，均发生在章台宫		1品
		高章宦者。高章，宫名。宦者，官署名。秦在各地均分置有宦官。 高章宦丞。高章宦丞，当为高章宦者丞的省称，是高章宦者的佐官		1品 1品
		安台丞印。秦始皇多作高台建筑，取其近天之意，安台应为其中之一。《长安志》引《关中记》云："上林苑门十二，中有苑三十六宫，宫十二，观二十五"，即仙人观、霸昌观、安台观、沧沮观，以上三宫四观，在长安城外。安台丞当为安台观之佐官		1品
		宜春禁丞。宜春，古宫名，在今西安市东南，原秦宫，汉代沿用。禁，指禁苑或禁圃。禁圃为上林苑中栽培蔬菜之类场所，故宜春禁丞为秦时管理禁圃之官吏		1品
		杜南苑丞。杜是秦最早设县之一，其地在今长安区西杜城。杜南，即杜县之南，在今西安市曲江池之南原。《史记》载秦二世被杀并以寻常百姓的规格葬于杜南宜春苑中。杜南苑丞当是管理杜南苑的官吏		1品
		白水之苑。白水，春秋时属雍州。《史记·秦始皇本纪》云："秦孝公二十年并小乡为县。"《雍大纪》云："秦置白水县，以县临白水也。"白水之苑即秦在白水置苑的实证		1品

续表

分区	所属郡	秦置郡县名称（地名）与治今	原始图录或墨拓	馆藏数量
		鼎湖苑丞。鼎湖位于陕西蓝田县焦岱镇西南。《汉书·封禅书》："黄帝采首山铜，铸鼎于荆山下。鼎既成，有龙垂胡髯下迎黄帝，……故后世因名其处曰鼎湖。"由此可知鼎湖为秦时著名禁苑之一。蓝田县焦岱镇有秦汉鼎湖宫遗址		1品
		左云梦丞。云梦丞即为管理云梦泽的官吏，秦时设置。《汉书·地理志》载南郡华容县、编县及江夏郡的西陵县均有云梦官。		1品
		右云梦丞。管理云梦泽的官吏，职位略低于左云梦丞		1品
		平阿禁印。平阿，先秦古邑。《汉书·地理志》载沛郡有平阿侯国，魏惠王、齐宣王曾在此盟会。始皇出游，或于其地设立离宫禁苑。平阿禁印当为其机构之印		1品
		桑林。桑林，苑名，战国属韩，后归秦。《史记·张仪列传》："大王不事秦，秦下甲据宜阳，断绝韩之上地，东取成皋、宜阳，则鸿台之宫，桑林之苑，非王子有也。"《索隐》："此皆韩之宫苑名。"		1品
		具园。《左传·僖公三十三年》郑皇武子曰："郑之有原圃，犹秦之有具囿也。"《春秋左传集解·僖公三十三年正义》："囿者，所以养禽兽。天子曰苑，诸侯曰囿。"秦统一后，原有之具囿升格为具苑		1品
		康园。《后汉书·东平宪王苍传》："园邑之兴，始自强秦。"康园当为某位秦公或王的陵园		1品

第四章 秦封泥印章及其文字特点

65

续表

分区	所属郡	秦置郡县名称（地名）与治今	原始图录或墨拓	馆藏数量
		麋圈。《诗经·大雅·灵台》："王在灵囿，麀鹿攸伏，麀鹿濯濯，白鸟翯翯。"注引毛苌："囿，所以域养禽兽也，天子百里，诸侯四十里。"又《汉旧仪》："上林苑方三百里，苑中养百兽，天子秋冬射猎取之。"故麋圈当为秦汉时囿、苑中养鹿之所		1品
		雝祠丞印。雝即雍，本春秋雝邑。秦德公元年自平阳迁都于此，至灵公都泾阳，后置为县在今陕西凤翔之南。祠丞，乃祠官，即古代掌管祭祀、祠庙的官。《史记·封禅书》："及秦并天下令祠官所常奉天地名山大川，鬼神可得而序也。"		1品
		阳陵禁丞。阳陵，秦庄襄王与帝太后合葬陵。司马贞《索隐》："（庄襄王）名子楚。三十二而立，立三年卒，葬阳陵。"秦在陵附近设邑。阳陵禁当为阳陵邑中禁苑机构		1品

第五章　秦封泥泥丸与土壤、颜色

一、土壤的分类

《管子·地员》云："地者政之本也，辩于土而民可富。"泥来源于土。西安中国书法艺术博物馆馆藏百枚秦郡县封泥用的土，应该说来自全国四大区域的30多个郡，集中在关中、山东南、山东北，以及淮汉以南地区。对照丁登山主编《自然地理学基础》中"世界土壤分布概图"并经过梳理，其主要来源有以下八种类型的土质：一是分布于燕山、太行山、吕梁山与秦岭等山地的褐土。二是分布于山东半岛的棕壤。三是分布于秦淮以南的黄棕壤。四是分布于东南部各省的红壤和黄壤。五是分布于西北地区的灰钙土。六是分布于甘肃、宁夏的荒漠土。七是分布于亚热带地区的紫色土。八是分布于秦岭－淮河以南的水稻土。[①]

紫色土最具特色，可分为红紫泥土、黄紫泥土、棕紫泥土和暗紫泥土，是所有土质中可用作泥丸的上品原料，一般厚50至100厘米。在丘陵顶部或坡地上部的紫色土因受侵蚀影响，土层浅薄，往往十余厘米下可见到半风化的母岩。这类土壤随母岩的类型而异。紫泥来源岩成土壤（即紫色土），"紫色土是一种深受紫色岩石影响的土壤。凡含石灰性质的紫色岩石出露之处，皆可见到。在我国紫色土主要分布于亚热带地区，

[①] 参见丁登山：《自然地理学基础》，高等教育出版社1988年版，第384页。

尤以四川盆地分布面积最广"[①]。

表2 中国土壤分类暂行草案（1988年）[②]

土纲	土类	亚类	土纲	土类	亚类
1 富铝土（红壤）	砖红壤	砖红壤 黄色砖红壤 褐色砖红壤	2 淋溶土（棕壤）	棕色针叶林土	棕色针叶林土 表潜棕色针叶林土 白浆化棕色针叶林土
	砖红壤性红壤（赤红壤）	砖红壤性红壤 黄色砖红壤性红壤		漂灰土	漂灰土 腐殖质淀积漂灰土
	红壤	红壤 黄红壤 褐红壤 棕红壤		灰色森林土	灰色森林土 淡灰色森林土 暗灰色森林土
	黄壤	黄壤 表潜黄壤 灰化黄壤	3 半淋溶土（褐土）	褐土	褐土 碳酸盐褐土 淋溶褐土 草甸褐土 黄炉土 潮黄垆土
	燥红土	燥红土			
2 淋溶土（棕壤）	黄棕壤	黄棕壤 黄褐土 黄刚土		垆土	垆垆土 立茬垆土 油垆土 黑瓣垆土
	棕壤	棕壤 草甸棕壤 白浆化棕壤（包浆土） 棕黄土 湖棕黄土		绵土	黄绵土 海绵土
	暗棕壤	暗棕壤 草甸暗棕壤 白浆化暗棕壤 潜育暗棕壤		灰褐土	灰褐土 淋溶灰褐土

[①] 丁登山：《自然地理学基础》，高等教育出版社1988年版，第384页。
[②] 丁登山：《自然地理学基础》，高等教育出版社1988年版，第363—365页。

续表

土纲	土类	亚类	土纲	土类	亚类
4 钙层土	黑垆土	黑垆土 黏黑垆土 黑焦垆土 黑麻垆土	6 盐成土（盐碱土）	盐土	草甸盐土 滨海盐土 沼泽盐土 洪积盐土 残余盐土 碱化盐土
	黑钙土	黑钙土 碳酸盐黑钙土 淋溶黑钙土 草甸黑钙土		碱土	草甸碱土 草原碱土 龟裂碱土
	栗钙土	暗栗钙土 淡栗钙土 草甸栗钙土	7 岩成土	紫色土	红紫泥土 黄紫泥土 棕紫泥土 暗紫泥土
	棕钙土	棕钙土 淡棕钙土 草甸棕钙土		黑色石灰土	黑色石灰土
	灰钙土	灰钙土 淡灰钙土 草甸灰钙土		红色石灰土	红色石灰土 棕色石灰土
5 石膏-盐层土（漠土）	灰漠土	灰漠土 钙积灰漠土 龟裂灰漠土		磷质石灰土	磷质石灰土 硬盘灰质石灰土 盐渍磷质石灰土
				风沙土	风沙土
	灰棕漠土	灰棕漠土 石膏灰棕漠土	8 半水成土	黑土	黑土 草甸黑土 白浆化黑土 表潜黑土
	棕漠土	棕漠土 石膏棕漠土 石膏盐盘棕漠土		白浆土	白浆土 潜育白浆土 草甸白浆土
	龟裂土	龟裂土			

续表

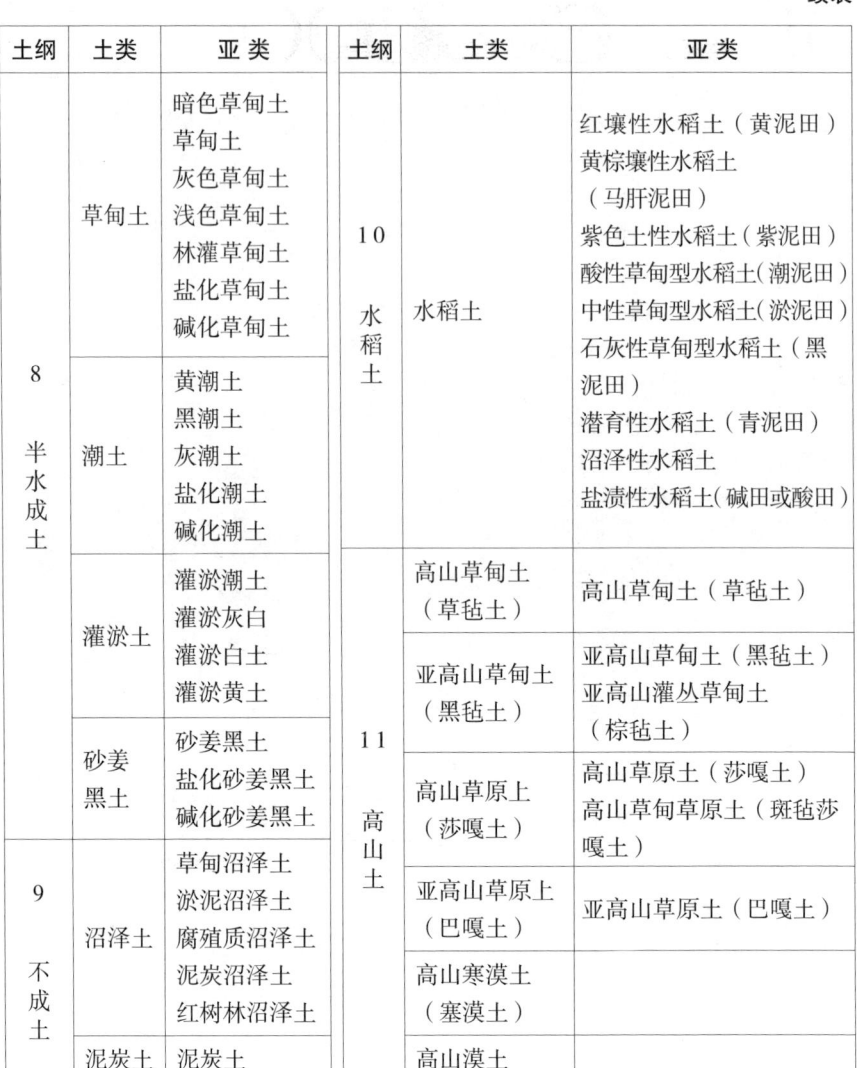

土纲	土类	亚类	土纲	土类	亚类
8 半水成土	草甸土	暗色草甸土 草甸土 灰色草甸土 浅色草甸土 林灌草甸土 盐化草甸土 碱化草甸土	10 水稻土	水稻土	红壤性水稻土（黄泥田） 黄棕壤性水稻土（马肝泥田） 紫色土性水稻土（紫泥田） 酸性草甸型水稻土（潮泥田） 中性草甸型水稻土（淤泥田） 石灰性草甸型水稻土（黑泥田） 潜育性水稻土（青泥田） 沼泽性水稻土 盐渍性水稻土（碱田或酸田）
	潮土	黄潮土 黑潮土 灰潮土 盐化潮土 碱化潮土	11 高山土	高山草甸土（草毡土）	高山草甸土（草毡土）
	灌淤土	灌淤潮土 灌淤灰白 灌淤白土 灌淤黄土		亚高山草甸土（黑毡土）	亚高山草甸土（黑毡土） 亚高山灌丛草甸土（棕毡土）
	砂姜黑土	砂姜黑土 盐化砂姜黑土 碱化砂姜黑土		高山草原土（莎嘎土）	高山草原土（莎嘎土） 高山草甸草原土（斑毡莎嘎土）
9 不成土	沼泽土	草甸沼泽土 淤泥沼泽土 腐殖质沼泽土 泥炭沼泽土 红树林沼泽土		亚高山草原土（巴嘎土）	亚高山草原土（巴嘎土）
				高山寒漠土（塞漠土）	
	泥炭土	泥炭土		高山漠土	

二、泥丸的颜色

秦封泥的丸泥应来之各郡县所属地，有内史关中的黄泥，有甘肃南部的紫泥，还有山东北部的青泥，等等。泥丸颜色有的深黄，有的浅黄，

70

有的粉绿，有的淡紫，还有不少黄中有绿，黄中含黑。

"西泠印社·西湖风"国际篆刻主题创作西北赛区评选活动，在西安中国书法艺术博物馆举行。其间，西泠印社理事、上海博物馆研究员孙慰祖先生，仔细观赏了陈列展出的百枚秦封泥精品。我们不约而同地探讨起了秦封泥的泥丸来源问题，大家一致认为各郡县封泥所用的泥丸，应是来自各郡县（经过一定的审批程序），用的就是那个地方黏性较好的土制成的。在这一学术问题上，大家达到了共识。之后，笔者又查阅了大量的资料，并反复进行了对比分析。

使用泥丸还有一定的讲究，除土质需黏性好之外，耐侵蚀性也至关重要。从这些藏品中可以看到，那些似圆非圆、似方非方的泥块以及不规则的边栏，均呈现出千姿百态、虚弥烂漫的艺术风貌，让秦代印章艺术的再创造达到了巅峰。细观这些泥坨坨，虽然没有烧制，但硬度很强。经过2000多年来的侵蚀、削剥，大部分泥块出土时比较完整，印文凸起处依旧清晰可辨，诸如云阳丞印、美阳丞印、废丘丞印、西共丞印、好畤丞印、阆中丞印等。有些虽然棱角或边沿有不同程度的破损，但是依然可以识别，如四川太守、蕃丞之印等。

由于环境因素和泥土成分的不同，做成丸泥后也自然地表现出不同的颜色，如紫色土，尤以四川盆地及其周围分布最广。《汉旧仪》里说的"紫泥"，产于阶州武都。阶州武都，秦时就有郡治。设陇南市此地以前称为武都或直肃州，武都地区武都县，自有陇南市之后，就成了陇南市武都区，现在称陇南市武都区，其地恰好位于四川盆地西北部。

又如褐土（即黄黑色），主要分布于暖温带半温润、半干旱山地和丘陵地区，最大的特点是有明显的黏化现象，表层为灰褐色，是做封泥的上等原料。从来自这一地区置县封泥的形状可以看出，其品相的完好率较高，诸如浮阳丞印、夷舆丞印、蒲反丞印、河间尉印、平城丞印、徐无丞印等。

秦封泥是否烘烤过？笔者认为应该从两个方面去分析：一是拆封前。由于竹简木牍绳子都是易燃物，所用的泥丸也是经过丸制的，

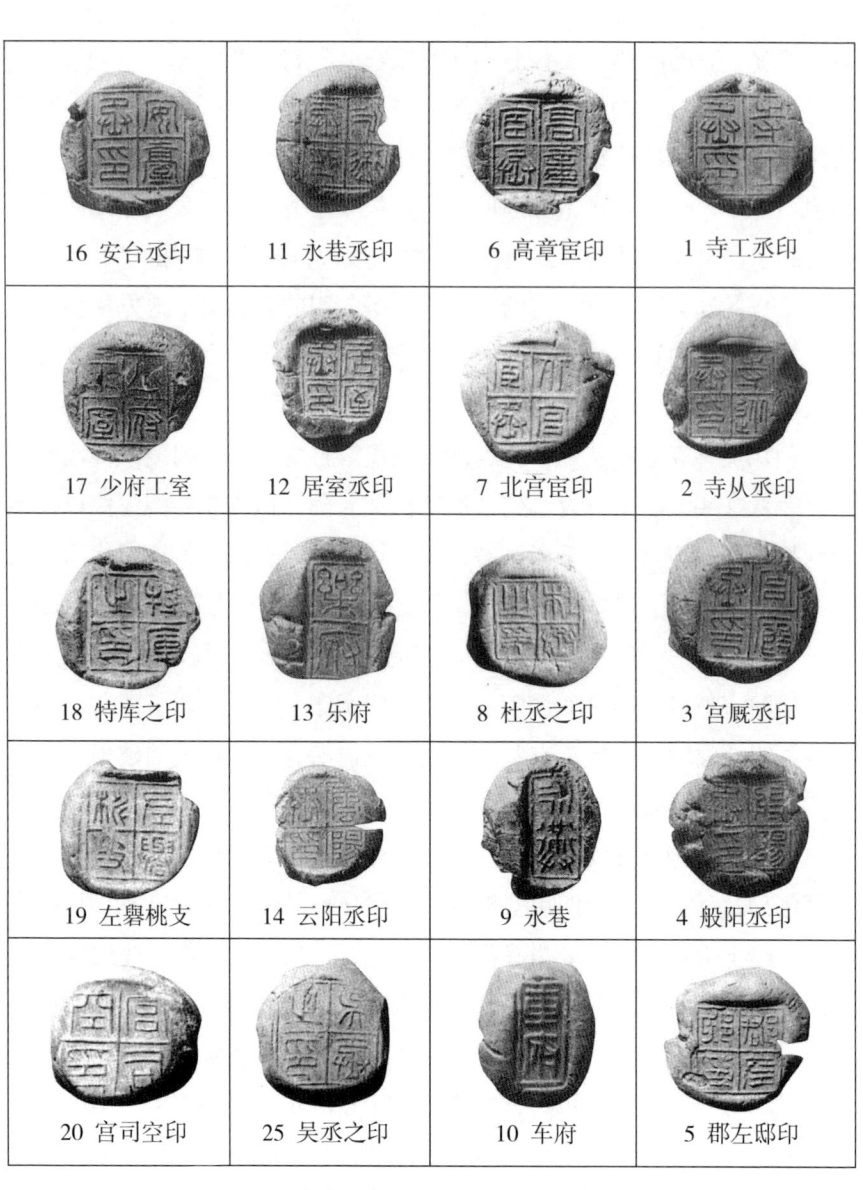

16 安台丞印	11 永巷丞印	6 高章宦印	1 寺工丞印
17 少府工室	12 居室丞印	7 北宫宦印	2 寺从丞印
18 特库之印	13 乐府	8 杜丞之印	3 宫厩丞印
19 左礜桃支	14 云阳丞印	9 永巷	4 般阳丞印
20 宫司空印	25 吴丞之印	10 车府	5 郡左邸印

图 53　西安中国书法艺术博物馆馆藏秦封泥图录

(《收藏》1997 年第 6 期)

钤盖印章后最多是小火烘焙或者阴干，方可发送，不可能烘烤。二是拆封后。封泥完成它"以检奸萌"的使命后作为废弃物处理时很有可能，即和其他垃圾一起被焚烧，因而被陶化保存至今。

三、秦封泥的成分

秦封泥深埋于地下 2200 多年，其泥丸"与土为伍"，到底含有什么化学成分？不同地方的泥丸含量有无区别？观众在参观时也常常问到这些问题，我们研究人员更希望有科学的答案，向公众做一个很好的交代。于是，西安中国书法艺术博物馆和陕西省文物保护研究院达成合作协议，共同就秦封泥进一步的科学研究做出计划，下边是首批 6 枚秦封泥的测试情况。

（一）X 射线衍射物相分析结果

时间：2015 年 11 月 2 日

报告单位：陕西省文物保护研究院

秦封泥样品编号与简释：

1102ql01- 中谒者府（少府属官，谒者原为宫廷宾赞受事之官。此为供中谒者器用的府库）

1102ql02- 河间尉印（郡县属官，河间郡尉之省称，为主管河间郡的最高军事长官）

1102ql03- 中厩丞印（太仆属官，掌皇帝舆马）

1102ql04- 重泉丞印（郡县属官，其地在今陕西省渭南市蒲城县东南五十里）

1102ql05- 佐弋丞印（少府属官，掌弋射之事）

1102ql06- 昫衍道丞（郡县属官，昫衍是北地郡属县，下设道，其地在今宁夏盐池）

分析结果：

使用相同的测试条件，对 6 个样品进行分析，封泥正面比较平整，污染严重，所以分析部位在封泥正面选取，具体见微区照片。

1102ql01：石英、长石、伊利石、绿泥石、云母

1102ql02：石英、长石、伊利石、绿泥石、云母、方解石

1102ql03：石英、长石、伊利石、绿泥石、云母

1102ql04：石英、长石、伊利石、绿泥石、云母

1102ql05：石英、长石、伊利石、云母、方解石

1102ql06：石英、长石、伊利石、方解石

6枚样品分析得到的物相基本相似，均为石英、长石和黏土矿物混合物，表现为富含黏土矿物的土壤。具体分析数据见分析原始数据。

（二）扫描电镜能谱成分分析结果

分析日期： 2015年11月5日

报告单位： 陕西省文物保护研究院

秦封泥样品编号：

1#– 中谒者府

2#– 河间尉印

3#– 中厩丞印

4#– 重泉丞印

5#– 佐弋丞印

6#– 昫衍道丞

分析结果：

使用相同的测试条件，对6枚样品进行分析，由于个别封泥正面有过拓印，污染严重，所以分析部位在封泥背面选取，得到的元素成分相同，其含量有差异。6个样品的碳（C）、氧（O）含量都很高，形貌观察未发现C颗粒，表明样品中C以有机物化合物的形式存在。O很多，足以和氮（Na）、钾（K）、镁（Mg）、铝（Al）、硅（Si）、钙（Ca）、铁（Fe）形成氧化物。这些氧化物构成的物质和天然的黏土相近。

2019年5月22日，笔者与具体负责此项工作的王展同志进行了交流。他说受检的6枚封泥，碳和氧的含量高是正常的。碳值高是因为1997年春入馆时工作人员拓片时留下的痕迹，在测试时的反映，其他成分如氮、钾、镁、铝、硅、钙、铁等氧化物构成的物质和天然泥土差不多，

没有发现有毒物质和其他有害成分。

具体结果见下表：

1#	15KV	平均
元素	重量%	原子%
C K	27.92	39.07
O K	43.87	46.09
Na K	0.32	0.23
Mg K	1.17	0.81
Al K	4.96	3.09
Si K	12.44	7.44
K K	1.37	0.59
Ca K	2.20	0.92
Fe K	5.44	1.64
总量	100.00	

2#	15KV	平均
元素	重量%	原子%
C K	83.39	63.55
O K	34.97	31.25
Mg K	0.51	0.30
Al K	2.24	1.19
Si K	5.12	2.60
K K	0.57	0.21
Ca K	0.76	0.27
Fe K	2.44	0.63
总量	100.00	

3#	15KV	平均
元素	重量%	原子%
C K	20.80	30.47
O K	46.35	50.96
Na K	0.61	0.46
Mg K	1.48	1.07
Al K	5.44	3.55
Si K	16.18	10.13
K K	1.82	0.82
Ca K	1.84	0.81
Fe K	5.48	1.73
总量	100.00	

4#	15KV	平均
元素	重量%	原子%
C K	47.71	59.19
O K	35.12	32.71
Na K	0.23	0.15
Mg K	0.93	0.57
Al K	2.82	1.56
Si K	7.47	3.96
K K	1.10	0.42
Ca K	2.01	0.75
Fe K	2.60	0.69
总量	100.00	

5#	15KV	平均
元素	重 %	原子%
C K	26.19	36.59
O K	46.91	49.21
Na K	0.24	0.18
Mg K	1.14	0.79
Al K	4.93	3.07
Si K	11.74	7.02
K K	1.28	0.55
Ca K	2.73	1.14
Fe K	4.83	1.45
总量	100.00	

6#	15KV	平均
元素	重 %	原子%
C K	30.06	41.93
O K	41.28	43.24
Na K	0.28	0.20
Mg K	1.05	0.72
Al K	4.65	2.89
Si K	12.45	7.43
K K	1.66	0.71
Ca K	2.58	1.08
Fe K	5.98	1.80
总量	100.00	

（三）扫描电镜能谱部分原始数据

1# 反面　15KV　颗粒

谱图	C	O	Mg	Al	Si	K	Ca	Fe	总的
谱图 1	8.21	50.21	1.35	11.89	18.83	5.75	1.24	2.51	100.00
谱图 2	16.15	50.40	0.87	7.18	20.45	0.56	0.86	3.54	100.00
谱图 3	30.63	37.95	0.47	1.78	26.65	0.61	0.82	1.09	100.00
平均	18.33	46.19	0.90	6.95	21.98	2.31	0.98	2.38	100.00

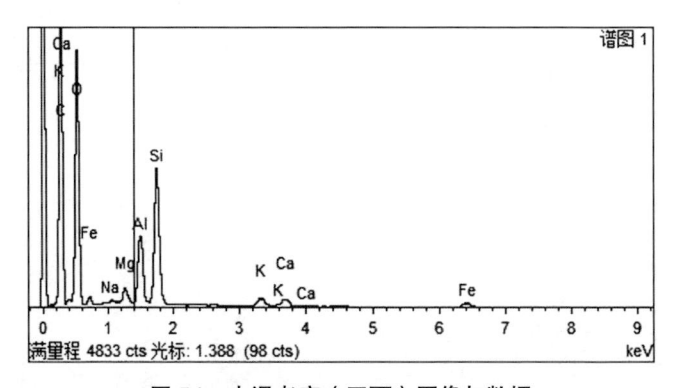

图 54　中谒者府（正面）图像与数据

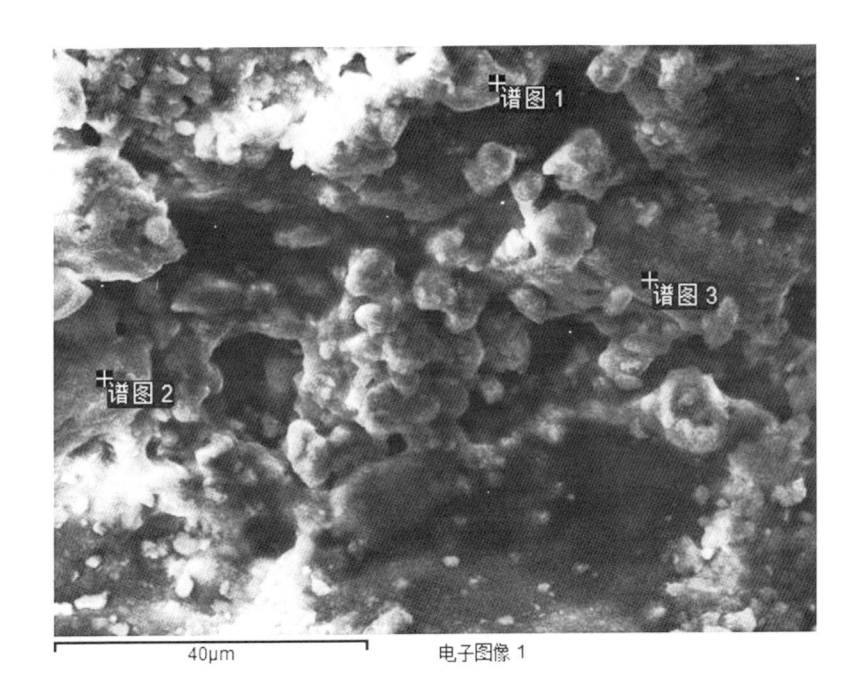

1# 反面　15KV　颗粒

谱图	C	O	Mg	Al	Si	K	Ca	Fe	总的
谱图 1	15.87	48.83	1.24	9.80	16.22	4.43	0.41	3.21	100.00
谱图 2	20.39	36.58	1.20	4.15	28.88	1.44	1.05	6.31	100.00
谱图 3	21.16	42.11	1.27	8.93	16.58	3.23	1.28	5.45	100.00
平均	19.14	42.51	1.24	7.62	20.56	3.03	0.91	4.99	100.00

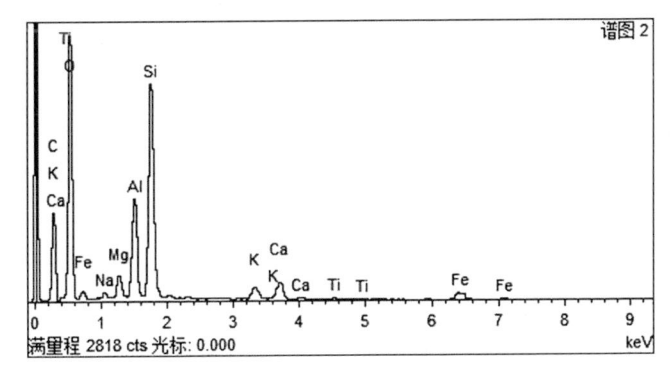

图 55　中谒者府（反面）图像与数据

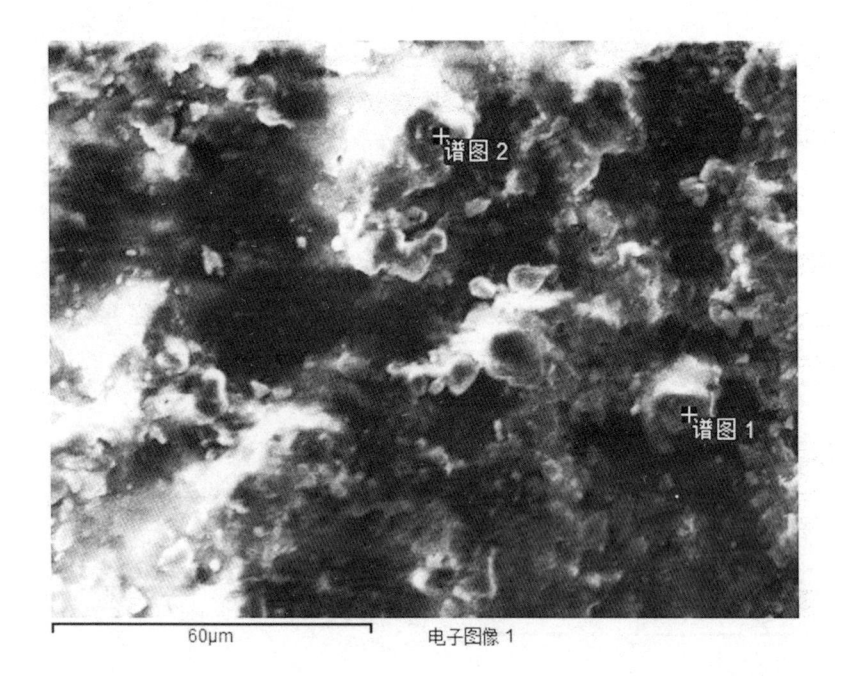

2#　15KV　反面　晶粒

谱图	C	O	Mg	Al	Si	K	Ca	Fe	总的
谱图 1	9.53	42.67	2.45	9.42	20.53	2.31	2.13	10.95	100.00
谱图 2	11.76	53.65	1.21	4.70	20.21	1.11	3.03	4.32	100.00

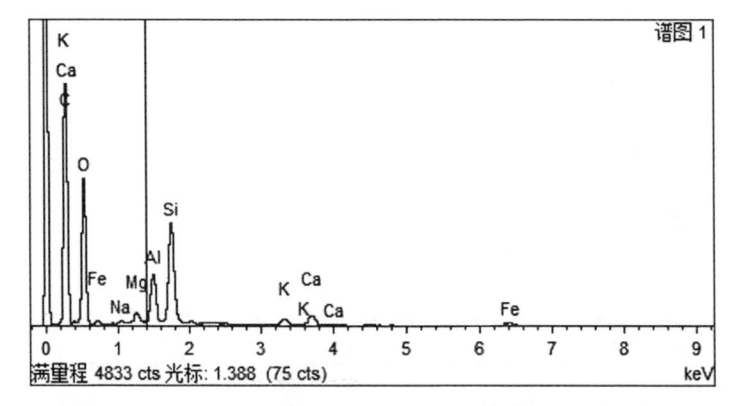

图 56　河间尉印（反面）图像与数据

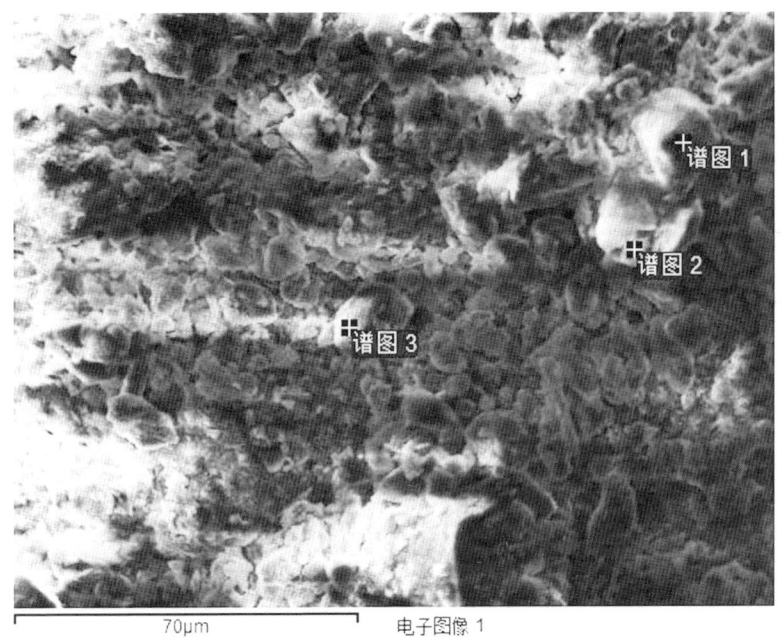

3# 反面 15KV 颗粒 500X

谱图	C	O	Na	Mg	Al	Si	K	Fe	总的
谱图 1	5.57	64.53		4.02	6.55	12.73	2.82	3.77	100.00
谱图 2	18.64	62.46	0.50	0.96	6.55	9.92	0.65	0.32	100.00
谱图 3	12.52	59.82		0.71	2.14	23.39	0.38	1.04	100.00

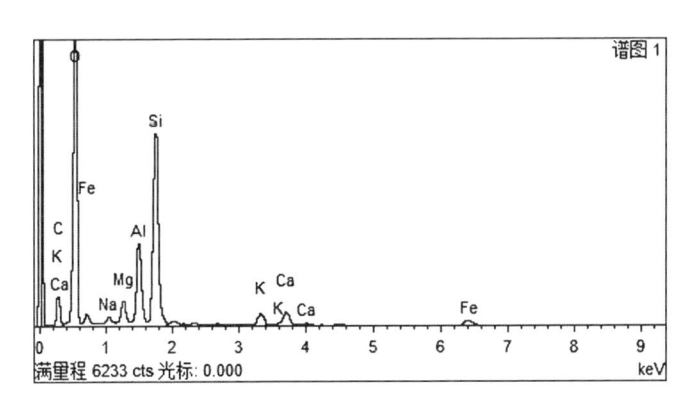

图 57 中厩丞印（反面）图像与数据

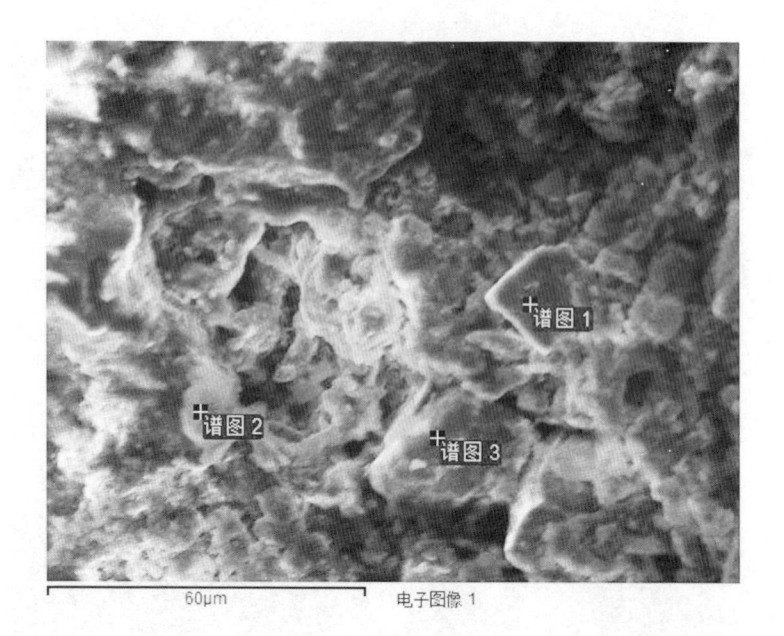

3# 15KV 颗粒 50X

谱图	C	O	Mg	Al	Si	K	Ca	Fe	总的
谱图 1	9.77	64.76	2.43	6.84	13.26	0.71	0.65	1.59	100.00
谱图 2	9.24	57.24	2.42	7.86	15.50	1.24	1.70	4.81	100.00
谱图 3	9.40	60.56	0.33	8.24	12.24	0.24	5.64	3.35	100.00
平均	9.47	60.86	1.72	7.65	13.67	0.73	2.66	3.25	100.00

（注：C 含量低，Al、Si、Fe 比较多）

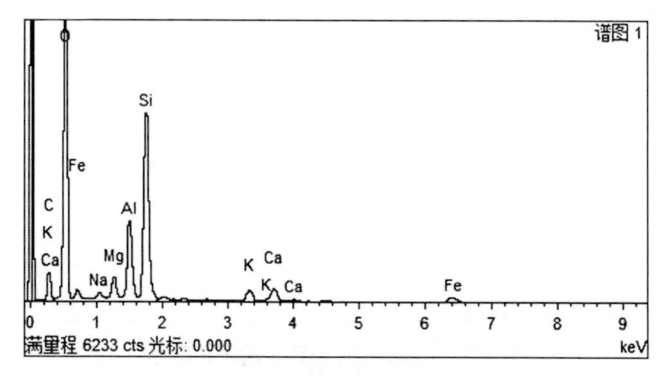

图 58 中厩丞印图像与数据

5# 15KV　颗粒

谱图	C	O	Mg	Al	Si	K	Ca	Fe	总的
谱图 1	5.76	52.95	0.35	7.82	23.11	7.64		2.38	100.00
谱图 3	5.24	52.99	1.58	11.79	20.40	3.63		4.36	100.00
最大	53.86	52.99	1.58	11.79	23.11	7.64	2.10	4.36	
最小	5.24	33.11	0.35	2.28	5.48	0.57	2.10	2.05	

（注：按重量百分比显示的所有结果）

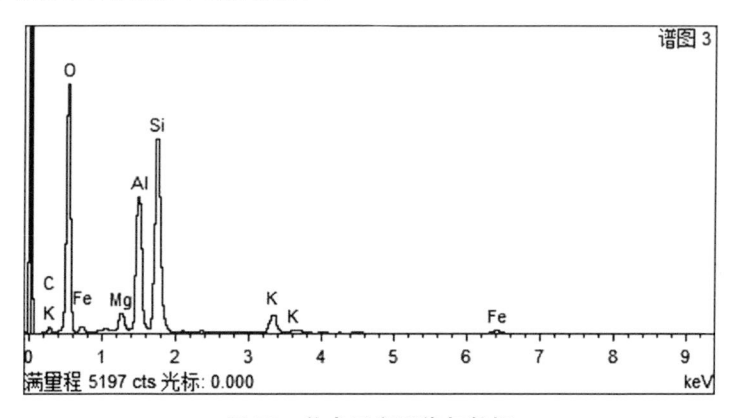

图 59　佐弋丞印图像与数据

6# 15KV 颗粒

谱图	C	O	Mg	Al	Si	K	Ca	Fe	总的
谱图 1	8.53	50.73	1.49	6.59	12.43	1.70	12.16	6.38	100.00
谱图 2	11.51	35.12	0.43	11.41	36.11		1.44	3.98	100.00

（注：按重量百分比显示的所有结果）

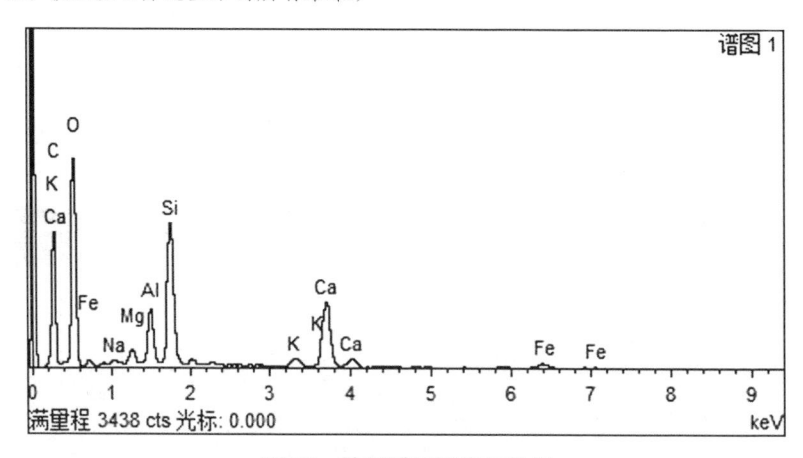

图60 昫衍道丞图像与数据

第六章　秦封泥内涵及其收藏保护

一、丰富的文化内涵

20世纪90年代，西安北郊汉长安城遗址大量秦封泥先后面世。西安中国书法艺术博物馆不失时机收藏了其中的350个品种，共700多枚，谓之"品相好，种类多，反映内容最为完整，最具代表性"。

（一）秦文书封缄制度的结晶

封泥，是我国古代三大文书程式之一（另两种是金属封和皂囊封），使用时间一直延续到魏晋普遍使用纸以后，才改为钤朱形式，印封这一程式便退出历史舞台。因此说，封泥是特定历史时期的产物。秦封泥，当是"秦文书封缄制度的结晶"[①]。

秦朝是中国历史上第一个统一中央集权制的封建王朝，秦始皇又是中国历史上少有的集独裁与勤勉于一身的君王。为了显示他至高无上的权力，他在文书制度方面进行了一系列改革，突出的主要有三点：一是规定只有皇帝之印才能称玺，一般官民之印只能称印；二是规定在文书书写中遇"皇帝""始皇帝""盛曰可"时，都必须提行抬写（亦称抬

---

① 庞任隆：《秦文书封缄制度的结晶：西安北郊新出土秦封泥概述》，载《西安档案》1997年第6期。

头"），这一文书制度为历代沿袭；三是改"命"为"制"、"令"为"诏"，凡颁布重大的制度则用"制"，凡颁布不属重大之命令则用"诏"。据《汉书·刑法志》载：秦始皇"躬操文墨，昼断狱，夜理书。自程决事，日悬石之一"。颜师古注引服虔曰："县，称也。石，百二十斤也。始皇省读文书，日以百二十斤为程。"秦封泥所见文书方面的职官，主要有掌文书及财货的地方府印；有掌兰台图书秘籍兼司纠察的御史之印；有掌叙事之法、受纳访的内史之印；有"诏相其事，掌其治令"的诏事之印、诏事丞印等。这些封泥便是对秦文书制度的佐证。

图61 秦封泥中与文书关系最密切的诏事丞印

人们不禁要问，为什么大量的秦封泥是在汉长安城遗址上发现的呢？众所周知，西安市北郊的汉长安城，是在秦建筑遗址上建立起来的。"汉承秦制"，据文献记载，自战国至秦代，秦统治者在渭河以南，先后修建了兴乐宫、华阳宫、宜春宫、阿房宫、章台宫、信宫、甘泉宫（甘泉宫即"南宫"）。《史记·秦始皇本纪》记载，秦始皇平定嫪毐之乱后，"乃迎太后于雍而入咸阳，复居甘泉宫"[①]。《集解》引徐广曰："入南宫"这批秦封泥中有：章台、南宫郎丞、华阳丞印、北宫私丞和北宫宦丞多枚，"南宫"为皇帝的寝宫，与王后寝宫"北宫"相对，说明这里曾是秦始皇处理政务和朝会之所。秦始皇勤于政务，每日要阅读120斤重的文书。由此推知，如此罕见的印封遗物，应是经皇帝拆阅文书后（至少"左丞相"和"右丞相"上授文书当是），作为废物就地抛弃，然后又集中倒在一个地方的。

---

① 司马迁：《史记》，中华书局1959年版，第54页。

（二）秦"三公九卿"官制的映像

以"三公九卿"为代表的秦代中央集权制度，在中国延续了2000多年。尽管秦以后各朝代官制都有更替变化，但基本框架都源于秦代官制体系。而一次性集中的在一个地方、在相同的载体上，反映这么多官职的文物，迄今为止唯有西安北郊出土的秦封泥。西安中国书法艺术博物馆的馆藏，也恰好见证了这一体系的总体构架。

秦代的"三公"是丞相、太尉和御史大夫。秦封泥所见的有丞相之印、左丞相印和右丞相印。其职始于战国，为百官之首。秦以左为上，左右丞相相当于正副丞相。丞相一般金印紫绶，掌丞天子、助理万机。自秦武王初置丞相，即以甘茂为左丞相，樗里疾为右丞相始，而后又有屈盖、向寿、金受、芈戎、徐诒为左丞相；魏冉、薛文、楼缓、寿烛、杜仓、范雎、蔡泽、吕不韦为右丞相。秦二世时，冯去疾为右丞相，李斯为左丞相。李斯死后，二世拜赵高为中丞相。在秦代，丞相之下没有属官，办事主要靠各级各类官吏去完成，汉承秦制，并有发展。

太尉亦称国尉，掌管全国军事，金印紫绶，其尊与丞相等。从诸史籍知，秦始皇时代仅有"以尉缭为国尉"的记载。显然，秦时带兵打仗，多系临时差遣，命将调兵大权都集中在秦王手中。秦代有御史大夫，因此在秦封泥中有御史之印。此位掌管宫廷文书档案，位上卿，银印青绶，掌副丞相。《史记·张丞相列传》有"张丞相苍者，阳武人也，好书律历，秦时为御史，主柱下方书"的记载。

左丞相印　　　　右丞相印　　　　御史之印

图62　秦封泥中的"三公"官印

秦封泥中所见"九卿",有100多个品种。有掌管宗庙礼仪的奉常丞印;有掌管宫殿掖门户的郎中丞印;有掌管宫门卫屯兵的卫士之印;有掌管舆马的太仆系列,如中车府丞、上家马丞、骑马丞印;有掌管审度的宗正;有掌管谷货的"治粟内史"系列,如郎中左田、泰仓丞印等。而主管皇宫衣食、起居、娱乐等事务的少府官吏特别多,如泰官丞印、乐府丞印、佐弋丞印、宫司空丞、永巷丞印、寺从丞印、居室寺从、中行羞府、宦者丞印等。还有掌治宫室的将作少府、泰匠丞印,有掌徼循京师的中尉之印、武库丞印和都船丞印。

此外,列卿系列亦所见颇多。如掌管皇后、太子家的詹事之属,如私府丞印、中厩马府、小厩马府、中厩将丞;有掌管蛮夷降者,管理少数民族机构的典客、典属国之属,如属邦工室、属邦工丞;有掌治京师的内史之印。秦兼天下,置内史以领关中。据《史记·秦始皇本纪》《史记·蒙恬列传》《史记·周力世家》等记载,秦内史姓名可考者主要有内史廖、内史肆、内史滕、内史马兴、内史蒙恬、内史保等。[①]

内史之印　　　　　属邦工室　　　　　属邦工丞

图63　秦封泥中的列卿官印

二、难得的文字再现

秦封泥、汉瓦当上的秦小篆,是古人留给我们的重要文化遗产。正

---

① 庞任隆:《秦国历史上的丞相》,载《说古道今》1997年第4期。

如费孝通《费孝通九十新语》中说的："一个人创造的文化不仅能保留，还能传递，还能影响别人，能激发别人的灵感，实现再创造，所以传统可以成为新文化生长的土壤。文化还把不同时间、空间的人接通了，可以共享生活的经历和生命的体验。"①

考古学对20世纪的书法产生了深远的意义和影响。如果说甲骨文的发现为以后书法创作和书法理论研究开启了一扇新门，简牍帛书等文物的不断出土使书家在观念上、认识上有所突破的话，那么，汉长安城遗址上大量秦封泥、汉瓦当的出土，则让海内外书法篆刻界眼前一亮。先说两者的共性：一是文字均以秦小篆为主。秦封泥文字是秦代印章（摹印体）作用于封泥后形成的细朱文，是秦代印章艺术的再创造；汉瓦当则是汉承秦制的产物，是用刻制好的陶范印模而成，再附在瓦筒坯上，同样展示的是劲挺的细朱文。二是形式均源于秦汉官印模式。"日"字格和"田"字格，亦有少部是无字格的。三是质地均为陶质。秦封泥不仅经过丸制，还很有可能用小火烘焙；汉瓦当则完全是经过烧制的。四是均出土于西安北郊的汉长安城遗址，大多都是当时的专业美术工匠所为。

这批秦封泥和汉瓦当的不同之处也有四个方面：一是年代不同。秦封泥是秦始皇统一前后的产物；汉瓦当大多形成于汉初，当以西汉为最。二是内容不同。秦封泥文字反映的是秦"三公九卿"以及各郡县的官职名称；汉瓦当文字多为歌颂汉初休养生息的吉祥祝语和宫殿名称。三是用途不同。秦封泥主要是"以检奸萌"，防止往来竹简（或木牍）书信被私拆；汉瓦当主要用于众瓦之底，以抵挡风吹、日晒、雨淋，以保护椽头免受侵蚀，延长建筑物寿命。四是面世时间不同。汉瓦当从20世纪70年代始就有出土；秦封泥稍晚，在20世纪90年代中期先后面世。

可见，秦封泥和汉瓦当既有联系，又有区别。秦封泥是古代文书封缄制度的结晶，在魏晋纸张普遍使用后，便逐步退出历史舞台；汉瓦当

---

① 费孝通：《费孝通九十新语》，重庆出版社2005年版，第213—214页。

则是灰陶瓦当的典范，到了唐代已被琉璃瓦当代替。故它们都是一定时代的产物。而秦小篆因其"骨气丰匀，方圆妙绝"（《唐人书评》），被秦封泥和汉瓦当这两种艺术载体选用，从而为我们留下大量丰富宝贵的书法艺术遗产，影响了国内外的书法篆刻界，成为民间书法文化交流的"宝中之宝"。

中国文字在起源之初是象形的，本身就具有美的性质，然后经过了"纯图画""图画佐文字""纯文字"三个时期的演变[①]，到秦统一前后，已发展为相当成熟的通用文字，亦即秦小篆。秦封泥和汉初瓦当全面反映了秦代小篆的整齐庄严、纤劲秀丽之美，成为表达民族美感的主要形式之一。

（一）结构之美

结构，就是文字的结体与章法，又称布白。宗白华论及中国书法的结构美时说："因字由点画连贯穿插而成，点画的空白处也是字的组成部分，虚实相生，才形成了一个艺术品。"他还说："空白处相应计算在一个字的造型之内，空白也要分布适当，和笔画具同等价值。"[②] 清代邓石如也强调书法要"计白当黑"。

藏于西安中国书法艺术博物馆的这批秦封泥，乍一看，比较平淡匀称，不像战国古玺那样过分强调疏密对比或空间分割，但经笔者10多年来的反复对照和观察，发现在那貌似平平的章法构成中，确有不少惊奇和妙不可言之处。如果按照欧阳询的《结字三十六法》中部分要义分析，属于向背类的，如左丞相印和右丞相印（图62），单独观之，字字相向，放在一起赏之，枚枚向背，又互助并立，好像站立守卫在秦王两旁的李斯与冯去疾。属于相管领类的如泾下家马、上家马丞（图65-21）、中

[①] 参见胡小石：《古文变迁论》，见《胡小石论文集》，上海古籍出版社1982年版，第147—173页。

[②] 参见宗白华：《美学散步》，上海人民出版社1981年版，第145页。

厩马府（图65-23）、代马丞印，每枚封泥里都有一个"马"字，每枚在"田"字格里所处的位置也不同，但"马"字的相管领作用却没有降低。无论在左、在右，还是在上、在下，其生动、顾盼、气势，无疑给秦封泥的结构带来了生机，增添了神韵。

汉初瓦当的结构之美，直接继承了秦印、秦封泥的精髓，又有所发展。它在制作之前就强调装饰性，如一字文瓦当中的卫（图64-2）、关、利；两字文瓦当中的千秋、承光（图64-4）、延年（图64-14）；多字者则采用四单元结构，将圆分为四个界格，每个界格内不止一个字或两个字，形成了四方连续、繁简灵活的配置，字字活泼、紧凑，给人以整体美感。如结字规整的长乐未央（图64-18），随势生法的与天毋极（图65-24），舒展飘逸的千秋万岁（图65-30），还有构图奇特的长乐未央延年永寿昌（图65-38）等。

秦封泥展示出从大篆到小篆的演变轨迹，如西盐（图64-11）；汉瓦当张扬了从小篆到隶书的过渡遗痕，如长乐万岁（图65-32）。秦封泥的美是无意的自然表现，如府印（图64-5），汉瓦当的美是刻意的装饰性制作，如右空（图64-8）。尤其是汉瓦当，将文字纳入审美范畴，在汉代是首开先河的，也由此开创了篆书向隶书过渡的新时代。其特点，一是字体由秀长变为方扁，二是线条由纤细变为粗壮，三是笔画由繁复变为简约，整体面目也发生了很大的变化。

（二）文字之美

康有为在《广艺舟双楫》中云："书若人然，须备筋骨血肉，血浓骨老，筋藏肉莹，加之姿态奇逸，可谓美矣。"他在《康有为政论集》中又以古代文物为例，强调"一国之图书宝器，足以启发国人之聪明，感动国人之心志，动怀旧之念，发思古之情，明审美之学，增致精之道，所关至远"[①]。

---

① 康有为：《保存中国名迹古器说》，见《康有为集》，广东人民出版社2018年版。

秦封泥概论

对秦封泥和汉瓦当的欣赏过程，恰好证明这一精辟的论述。

秦封泥文字之美的重要特点：一是清丽。文字少而精，却能巧妙地表现出骨肉和筋脉来，表现出一个生命单位，如一字封泥顺（图64-1）。这样由文字流出的秀丽万象之美，实际是人内心之美的映照，如外乐（图64-7）、宗正（图64-3）。诏事丞印、东苑丞印，虽用"田"字格将文字隔开，各就各位但又互相关照，颇具轻松从容之感。上下排

秦封泥	汉瓦当	秦封泥	汉瓦当
 1 顺	 2 卫	 11 西盐	 12 西庙
 3 宗正	 4 承光	 13 中褐者	 14 延年
 5 府印	 6 上林	 15 走翟丞印	 16 汉并天下
 7 外乐	 8 右空	 17 内史之印	 18 长乐未央
 9 少府	 10 佐弋	 19 右丞查印	 20 长生未央

图64 西安北郊汉长安城出土的秦封泥与汉瓦当文字比较（一）

列二字封泥，线条更为生动流畅，显示出团结协作的精神风貌，如太仓、府印、典达、尚浴等。二是古韵。秦封泥文字，字与字之间的挪让，颇具匠心。尽管个别封泥中仍有大篆和古文字的遗迹，然而线条的虚实映衬，相得益彰，动静离合，恰到好处，如中厩、中厩丞印中的"中"，永巷中的"巷"字，等等。从中可以窥见秦小篆在发展中，是逐步地"脱胎换骨"，渐渐变化面目的。三是新枝。美到了极致，将会有新的美产生。秦小篆是秦始皇统一文字的结晶，秦封泥把秦文字之美完整地记载下来，并孕育着新文字的曙光，从上家马丞到中车府丞（图65-33）等不难看出，印文由圆向方转变，尤其是邯造工丞、内官丞印（图65-25），不仅向方，而且向粗的方面过渡，这就为汉初及以后文字浑厚、沉雄之风的形成，做了充分的准备。

  汉初瓦当正好接替了这一文字演进的重任。瓦当主要是用来美化和装饰建筑物的，并通过当面生动美妙的文字来实现。具有美感的文字，不仅是艺术品，而且因自身包含社会意识形态方面的内容，又常常成为统治者弘扬其政治思想和业绩的宣传品，如笔法疏朗的长乐未央、结字规整的长生未央（表64-20）、构图奇特的长乐未央延年永寿昌等，反映的就是文帝、景帝时期与民休养政策带来的太平盛世。

  今天我们看到的瓦当文字多为小篆书，少见隶书，如舒展飘逸的长乐万岁等。纵览诸多瓦当精品，大多在圆这一特定范围内，以圆就势，促长行短，互为辟就，不取方正，充分发挥小篆书法线条的柔韧之美。据有关资料统计，汉瓦当篆文线条变化就有120多种。这种美是建立在象形基础上演化出来的线条章法和形状结构之上，从而在有限的空间淋漓尽致地表现出来，达到了与印章异曲同工的艺术效果，如具有大气磅礴、淳厚古朴风格的上林（图64-6）、右空（图64-8）、西庙（图64-12）、与天毋极（图65-26）、延年益寿（图65-28），具有凌厉刚健、流畅洒脱风格的卫（图64-2）、承光（图64-4）、延年（图64-14）、汉并天下（图64-16）、千秋万岁（图65-30）、永奉无疆（图65-36）、维天降灵延元万岁天下康宁（图65-40）等。这种依靠变幻无

第六章　秦封泥内涵及其收藏保护

91

秦封泥	汉瓦当	秦封泥	汉瓦当
 21 上家马丞	 22 长生毋极	 31 杜南苑丞	 32 长乐万岁
 23 中厩马府	 24 与天毋极	 33 中车府丞	 34 太宜子孙
 25 内官丞印	 26 与天毋极	 35 杜丞之印	 36 永奉无疆
 27 临晋丞印	 28 延年益寿	 37 公车司光丞	 38 长乐未央延年永寿昌
 29 下邽丞印	 30 千秋万岁	 39 栎阳右工室丞	 40 维天降灵延元万岁天下康宁

图65 西安北郊汉长安城出土的秦封泥与汉瓦当文字比较（二）

穷的线条，打破对称结构面形成的飞扬流动的视觉冲击力，简直是美的超越，美的震撼。

（三）边栏之美

和其他书法艺术品不同的是，秦封泥和汉瓦当都具有宽博大气的边框、边轮,犹如房屋有墙、水库有堤、河流有岸、国家有疆界一样。秦封泥的边栏完全超出了当初秦印整齐划一的规范,形成了另外一种潜藏于内、表现于外的美,或浑厚,或浅显,或残缺,或破碎,这些不但没有影响秦封泥文字的欣赏性,而且为秦封泥之美增添了无限的情趣。

浑厚本为书画诗文的风格之一,用来审视秦封泥更有实际的意义。秦封泥由于地下2000多年的侵蚀、削剥,出土后没有一枚外形是完全一样的,其边栏的古朴苍拙,给人留下了不同层次的厚重感。如四字封泥的章厩丞印、临晋丞印(图65-27)、杜丞之印(图65-35)、下邽丞印(图65-29)等细的印文,宽的边框略连略断、虚虚实实、星光点点;二字封泥如上寝、宗正、丰丞、少府(图64-9)、糜圈等与四字封泥比略显小,边栏也不如四字封泥那么浑厚,然而依旧显示出紧凑和稳重之感。残损是和完好相对应的,印章追求完整性,作用于秦封泥后,由于泥丸大小有别,以及盖压时用力的不同,或因烘焙时产生的裂痕等,故形成的"豁豁牙牙"的形状,如般阳丞印、杜南苑丞(图65-31)、郡左邸印、高章宦丞、杜丞之印、永巷丞印等,显示出斑斓苍茫的诱惑力。

汉文字瓦当的边轮之美和秦封泥既有共性,亦有其个性特点。不同的是,汉瓦当是在最初制作时就设计了较宽的边轮,而且是完整的。而现在我们看到的汉瓦当,边轮有的厚重,有的浅显,特别是一些破碎的瓦当,也都是经长期风雨侵蚀和战火损坏所造成的。而这些自然"损坏",恰巧丰富了文字瓦当的艺术性,生动地体现出"卿云烂兮,丝缦缦兮,日月光华,旦复见兮"(上古时代的诗歌《卿云歌》)的美好愿意,传达了祈求吉祥、幸福、康乐之意,如与天毋极、太宜子孙(图65-34)、长乐万岁(图65-32)、延年益寿等。

(四)几点启迪

秦小篆之美,孕育了新文化的诞生。汉代隶书实际上就是一种较为方折而草率书写的篆书。晋代卫恒说"隶书者,篆之捷也"(《四体书势》）。在秦封泥和汉瓦当文字的欣赏对比中，笔者一直思考这样一个问题：为什么秦小篆一直被沿用呢？

1. 优秀的传统文化，需要我们去传承

秦小篆是2000多年前秦始皇统一中国后，推行"车同轨，书同文"的重要成果，它上承大篆遗韵，下开隶书风范，其端庄严谨的字体，柔婉流动的线条，被历代书家青睐。秦始皇帝不仅是秦小篆积极的倡导者，同时又是积极的践行者。公元前219年始皇东巡峄山（今山东峄县）时刻立了第一块石刻《峄山刻石》，之后又在东巡时先后刻立了《琅琊刻石》（今山东胶东）、《芝罘刻石》（今山东烟台市西北）和《会稽刻石》（今浙江绍兴东南），这些刻石文字都选用的是标准的秦小篆，传为丞相李斯所写。[①] 晋代卫恒《四体书势》亦云："秦代李斯号为工篆，诸山及铜人铭皆斯所书。"其字的点画，均为圆起圆收，粗细有度；字的结构上紧下松，垂脚拉长，整体上具有从容俨然、强健有力的艺术风范，再现了秦王朝的时代精神。

秦始皇刻石，立于名山之巅，尽管这一行为是张扬炫耀他统一六国的功业，但也创立了一种可以使秦小篆书法艺术长久留存的形式，从而使原刻石真正成为在石鼓文基础上建立起来的碑系书法艺术的开山之作，成为官方推广的一种行为。保存秦小篆文字书法的载体还有秦量、秦权、诏版等。东汉时许慎《说文解字》已收集小篆文字9353字，五代徐铉，唐代李阳冰，元代吾邱衍，清代王澍、邓石如、吴熙载、徐三庚、杨沂孙等，均以篆书见长，成为传承小篆书法艺术的代表人物。《康熙字典》上对所有的字，还注有小篆的写法。即便是今天我们使用的纸质人民币，上边行长之章、副行长之章的印章文字，用的都是篆书。

2. 考古的不断发现，需要我们去认知

自1974年3月秦始皇陵兵马俑发现以来，先后有大量秦小篆文字问世，如秦简牍、秦陶文、秦封泥、汉瓦当等，极大地拓展了小篆书法

[①] 参见司马迁：《史记》，中华书局1959年版，第57—64页。

研究的领域和空间，而借鉴最新的考古资料去探视秦文字的发展轨迹，已成为20世纪以来书法研究最为显著的特征，并且取得了丰硕的研究成果。从袁仲一先生的《秦代陶文》《秦文字类编》，到傅嘉仪先生的《金石文字类编》，从周晓陆的《秦封泥集》到傅嘉仪的《秦封泥汇考》《秦汉瓦当》，以及1976年上海书画社出版的《秦铭刻文字选》等，集中、概括地汇集了这一时期秦小篆的最新成果。对于这些"画如铁石，千钧强弩"的小篆书法的认知，不仅仅是研究文字、书法篆刻工作者的事，也需全社会的认知。

目前全国各大院校都开设了书法专业，小学从三年级至六年级也开设了书法课，并列入特色教育和素质教育的重要内容，这对于强化秦小篆书法的教育和学习，必定是一条新的途径。特别是2008年奥运会上确定的篆书"京"字形的中国印，以及36个具有篆意的奥林匹克图标，让中国乃至世界重新认识了篆书之美。正如鲁迅先生所说："我国的书法艺术是东方的明珠瑰宝，它不是诗却有诗的韵味，它不是画却有画的美感，它不是舞却有舞的节奏，它不是歌却有歌的旋律。"他还说，"中国文字有三美：意美以感心，音美以感耳，形美以感目"[①]。秦小篆书法艺术正体现了这样的美，成为课堂美学教育的有效手段，越来越被人们重视。

3. 重要的文化交流，需要我们去解读

随着社会进步和国际文化交流的日益增多，中国特有的秦小篆书法艺术日趋繁荣。由于世界第八大奇迹秦兵马俑的文化魅力的吸引，一般情况下，我们认识几个或一组篆书，是没有多大困难的，而有些时候，我们要认识用小篆书写的一首诗，或者欣赏一幅古人或今人用篆书写的一篇文章，这就得要有比较丰富的篆书知识积累。对于秦小篆的学习，不一定让每个人都去当秦小篆的书法家，但人人都应该认识和会读。在我们的文化、艺术、教育领域，即便是科研工作者，也

---

① 鲁迅：《汉文学史纲要》，人民文学出版社1973年版，第3页。

应加强对小篆书的关注。

4. 少儿的书法素质，需要我们去培养

秦小篆被汉代人应用，并且通过瓦当艺术形式再现其艺术之美，尔后，历代多有传承和发展，即使到了现代化的今天，秦小篆书法艺术还在深入我们生活的方方面面，如书画家在作品上至今盖印章，文字均为流美而自然的篆书，形成了诗、书、画、印珠联璧合、相互辉映的艺术效果。为什么几千年来作为中国传统文化精髓的书画印章，不用楷书而还要继续使用篆书呢？这其中肯定有它不同于其他艺术形式的独到之处和强大的生命力。秦小篆是汉字美的化身，进行小篆文字的认识、释读和书写的训练培养，是青少年书法教育工作的重中之重。这主要可通过两个渠道获知：一是通过秦小篆文物展品的观赏认识。目前，西安中国书法艺术博物馆、北京古陶文明博物馆、上海博物馆、西安博物院、西北大学文博学院收藏馆，以及南京艺兰斋美术馆等机构，均展示了珍藏的秦封泥文字书法艺术精品[①]，有条件的学校可组织少年儿童现场参观学习，进一步增强对秦小篆的认知能力。二是通过秦文字碑帖的赏读书写训练。练习书法，识读小篆，不仅可以调节心理素质，养成锲而不舍、精心专注、耐心细致、不怕困难的好习惯，而且可以获得一种极强的协调和自控能力，为下一步学好其他文化科学知识打下良好的基础。

综上所述，我们通过对秦封泥和汉瓦当皆使用秦小篆的比较，系统地展示出中国文字之美。小篆出现于秦统一之前，定型和规范于秦统一以后，秦封泥、汉瓦当以小篆为根基，其字体又有独立性。我们通过排列对比可发现其文字演变的规律性，如在秦封泥与篆书隶变的关系上，秦封泥文字起到了过渡、试验和保存的作用；汉瓦当文字中的隶体与定型的汉隶的关系，进一步说明了中国文字脱离象形指事经过了相当长的

[①] 参见杨广泰：《封泥刍议三题》，见《西泠印社封泥研究专辑》，荣宝斋出版社2008年版。

一段时间,从汉武帝时秦小篆逐渐宽博,融合了隶书的一些特点,部分部首简化,到东汉明帝时使用标准的隶书,大约经历了150年。在对待瓦当文字中的汉篆体与秦小篆这一问题上,则清晰地看到秦代封泥上的摹印体和汉篆体之间的承继关系。汉代篆书直承秦代的篆书,结体大多用小篆,但在笔法、字形、结字、章法上却有较多的变化。如线条有的细而能厚,有的劲而能秀,有的粗而能劲。通过汉初瓦当的实例,我们完全可以看到汉代篆书的善变特点和多彩多姿的风采。

因此说,秦小篆是中国第一次规范的文字,跨越秦汉两代,居中国书法史转变之关键。而秦小篆的书法美,已被人们奉为最高的艺术境界。如果说李斯、胡毋敬把殷周以来的大篆简约、整改统一为小篆,是文字产生以后变化发展的一个总结,为中国汉字的方块字形定下了基调,那么,我们今天通过秦封泥和汉瓦当文字,进一步去认识、研究秦小篆的特点,则具有传承古代文明,强化书法教育,借鉴图新,启发后学的积极作用。

三、多样的保护手段

博物馆是保存过去、传达历史的机构,如何保护好、展示好藏品文物,做好泥质、陶质文物的保护、展示和阐释,则是一个全新的课题。多年来,西安中国书法艺术博物馆对馆藏秦封泥保护展示的实践与观察,取得了初步成效,为当代博物馆的陈列管理和学术研究工作,提供了新的思路和途径。

(一)稀罕的文物标本

博物馆是对文物标本进行收集、保藏、研究、陈列,传播文化科学信息,为社会服务的文化教育机构。实物性是博物馆最根本、最主要的特征。20世纪90年代中期,西安市北郊汉长安城遗址相家巷村先后发现出土了大量的秦封泥,一时震惊了中国文物界和书法篆刻界。这些带有文字印记的封泥，内容涵盖了秦中央"三公九卿"、宫殿苑囿、郡县亭里等方面的官职和地名，被誉为"秦朝中央的档案馆"，成为西安中国书法艺术博物馆镇馆之宝。

1996年12月经秦始皇兵马俑博物馆研究室张文立主任推荐，笔者有幸成为这批秦封泥的首批研究者，并见证了这些当年秦始皇亲手拆封的遗物。2008年5月笔者被选调西安中国书法艺术博物馆任职，在此前研究的基础上又进行了深入地思考和探索，梳理出了其中100余枚秦郡县封泥来研究其为什么呈五颜六色之状，并得出来其用的泥丸应来自全国四大区域的30多个郡的结论。

（二）独特的建筑环境

2010年6月在西安市启动的"博物馆之城"建设中，西安中国书法艺术博物馆从西安城墙的含光门，迁建大明宫国家遗址公园的兴安门。新馆建筑典雅别致，可以说是天地合一、环境亲和的典范。

馆址所在的位置在大明宫南宫墙西南隅（龙首原的龙头上），主体建筑呈"S"形，总建筑面积2600平方米，展陈面积3300平方米，该馆具有三大特点：一是墙体使用钢架结构，外部以土黄色为基调，饰以特制的仿花岗岩条纹麻面型混凝土材料；二是十多处防火通道巧妙地配以钢架玻璃装饰门，充分显示它的时代感和时尚元素；三是馆内北侧星光大道墙顶部约100平方米采用玻璃天窗，馆内中段拐角处约60平方米休闲区域采用玻璃幕墙，让观众直接体会到自然光线的丰富和对空间的影响。尤其是馆内北侧一处1300年前的大明宫西宫墙遗址，面积约60平方米，位于半地下，开着口，接着地气，亲临其境，欣赏宋代人在墙壁一侧开的砖窑遗址时，即有一股黄土味扑鼻，顿时感觉凉爽，平时的温度比室外低2℃—3℃。尤其到了夏季，当室外温度30℃左右时，展厅内温度在22℃以内，几乎不用开空调降温。

图 66　星光大道展示区的采光效果图

（三）有效温湿度观察

封泥用泥的本体是土，经过丸制，成为泥团，尽管没有经过烧制（竹简木牍文书和捆扎简牍文书的绳结都不能见火），但在印章的作用下阴干（或许只是通过了小火烘焙），形成了坚固的具有一定硬度的陶器，故秦封泥系陶质文物。秦封泥出土时已在地下埋藏了2000多年，曾经被遗弃搬动，曾经被"与土为伍"，曾经被水浸削剥，都没有影响它的价值。今天它依然以斑斓的色彩、特有的质感和丰富的内容再现世人，这不能不说是人类文明史上的一大奇迹。按照《中华人民共和国文物保护法》和《陕西省文物保护条例》，秦封泥的存放展示一定要在比较干燥的房间或展厅内，既不能过干，又不能过湿。如何把握这个度？我们从2011年1月到2014年12月对100枚秦封泥所在的展厅和库房温湿度进行观测，结果显示如下。

表3　西安中国书法艺术博物馆秦封泥展厅温湿度观察统计表

	平均温度℃	平均湿度%	备注
第一季度	9.3	55.1	开空调，增暖气
第二季度	19.5	56.2	
第三季度	26.6	61	开空调，降温
第四季度	11.2	55.4	

表4　西安中国书法艺术博物馆文物库房温湿度统计表

	平均温度℃	平均湿度%	备注
第一季度	9.1	55.2	
第二季度	17	58.2	
第三季度	31	60.3	空调降温，除湿
第四季度	8.3	52.1	

观察证明，展厅年平均温度16.65℃，平均湿度56.93%；库房平均温度16.35℃，平均湿度56.45%。新展厅2014年5月22日最新的观察数据是：平均温度22℃，平均湿度60%。

（四）保护的规范要求

博物馆馆藏文物种类繁多，各类文物的质地、特性均不相同，因而维护文物藏品的质量，既取决于材料质地，也取决于保存的环境。博物馆环境的优劣直接影响着文物的保护水平，影响着文物的保管寿命。影响馆藏文物质量的环境因素很多，诸如气温、湿度、空气污染、光线辐射、昆虫危害、微生物的生长及代谢产物等危害，而最基本的并经常起作用的因素是空气中的温度和湿度，研究博物馆温湿变化规律，对馆藏文物保护和展示、传播具有十分重要的意义。

按照文物出版社2009年出版的王蕙贞编著的《文物保护学》提供的最新规范：博物馆的标准温度应在15℃至25℃，对文物的保存比较适宜。尤其是博物馆内湿度条件的优劣，是评价博物馆保存环境的关键。一般博物馆相对湿度公认的指标在45%至65%，安全上限应为65%。最佳保存环境湿度，如漆木器库房PH值为60%至70%；纺织品、纸质（如书画作品）文物库房或陈列室PH值为50%至55%；金属类库房或展室PH值为45%至50%。相对湿度超过65%，霉菌就会快速生长繁殖，霉菌最适宜的繁殖条件是25℃至30℃，相对湿度80%至90%。如若将室温控制在15℃至25℃，相对湿度控制在65%以下，可抑制霉菌的大量繁殖。湿度对陶质文物和石质文物的破坏相似，但由于陶器空隙多，水对陶质文物的破坏更严重，所以，陶器的存放环境应更干燥。[①]

水是各种因素破坏文物的媒介，博物馆内的温湿度，一是自然环境下的调节，二是通过安装自动调温、调湿的空调系统来控制，让陈列室或文物库房的温湿度，恒定在标准范围内。从以上观察分析得知，我们的保护、展示环境的温湿度都在规范要求之内，这是值得欣慰的，以后我们还将继续做好这方面的观测和学术研究。

（五）相同的监测报告

不同质地的文物，在不同环境下生存，具有一定的规律性。根据观察对比，书法馆的温湿度均在标准要求范围之内。2014年2月底至3月初陕西师范大学历史文化遗产保护教育部工程研究中心先后两次派员来西安中国书法艺术博物馆，对正在展示的100枚秦封泥进行现场拍照和实物对比分析，在2月25日提交的报告中认为："西安中国书法艺术博物馆保存的这批秦代封泥，其有字印面一般长、宽各在1.8厘米至2.2厘米之间，大部分保存完好。"这说明书法博物馆的环境适宜秦封泥的保护、展示。3月10日，李玉虎教授来到博物馆文物库房，对半个月前从展厅柜子暂时收到库房待重新布展的100枚封泥进行再次选样监测，并对博物馆三年来保护、展示取得的成果给予了肯定。

---

① 庞任隆：《秦郡县封泥的历史地理学意义》，载《文博》2009年第3期。

对重新集中展示秦封泥的保护方案，我们借鉴了陕西师范大学历史文化遗产保护教育部工程研究中心的方法，即给每枚封泥带有空隙的展托版下边盒子里，放置了一层除味净化炭，用来调节展柜中的湿度。这样既能吸收展柜里的潮气，防止干裂，又能有效遏制霉菌的滋生和有害微生物的繁衍，保证秦封泥完整、安全地展示给游客。我们的这一做法已在2014年5月13日"秦封泥特展"竣工验收会上，受到了评审专家们一致好评，建议对外推广。

（六）特有的展示模式

"秦封泥特展"为2012年西安市文化宣传扶持项目，从策划到实施历时近3年。在陕西省文物局、中共西安市委宣传部、西安市文物局、西安安市财政局和西安城墙景区管委会领导的重视和支持下，终于2014年1月启动布展工程，5月18日国际博物馆日前夕对中外观众开放。600平方米的展厅按照展精品、展类型的原则，精选229枚封泥展示陈列，最高级别的为左丞相印和右丞相印，具体分为三部分：第一部分为"三公九卿"系列100枚；第二部分为宫殿苑囿系列29枚；第三部分为郡县亭里系列100枚。

针对秦封泥体量特小且文质不同色，封泥上的文字细且不易辨识这一特点，特展深化展台、展架、展具设计。展台、展架的高度和倾斜角度适应参观者近距离、全方位观赏，同时采用适当展具（放大镜、刻度尺等）及放大的照片、墨拓等进行辅助观测。又根据秦封泥自身特点与表现内容需要，特展设计方分别采用附墙体展柜（6个）、独立展柜（4个）和壁龛（4个）三种形式展示。特展在选材和灯光等方面力求营造符合秦封泥时代风尚的空间氛围，还原文物所处的历史时空，在文物保护的基础上，实现艺术性与科学性的统一。尤其是我们开辟的动漫表演、《秦封泥传奇》专题片播放和封缄体验现场篆刻等互动环节，增加了游客的观赏性和趣味性，成为延伸保护、展示的一个亮点。

图 67 秦封泥特展展厅效果（一）

图 68 秦封泥特展展厅效果（二）

第七章　秦封泥文化与科学、艺术价值

习近平总书记在中央政治局第二十三次集体学习时指出，我们要加强考古工作和历史研究，让收藏在博物馆里的文物、陈列在广阔大地上的遗产、书写在书籍里的文字都活起来，丰富全社会历史文化滋养。2014年2月25日，习近平总书记在北京市考察工作中强调，让文物说话，把历史智慧告诉人们，激发我们的民族自豪感和自信心。

一、秦封泥：会说话的文物

会说话是秦封泥本体所带来的：一是上边的文字，秦代的小篆；二是上边的官职，是秦代"三公九卿"、郡县亭里或宫殿苑囿的官员；三是上边的官印，是秦官方正式颁布的，大小均有一定的规格，代表那个时代的人文、历史。

（一）栎阳丞印，厘清了历史上两个栎阳城

历史上有两个栎阳城：一个是秦汉栎阳故城，其遗址在今西安市阎良区武屯镇，经历秦、汉100余年，2001年6月25日已被国务院公布为全国第五批文物保护单位（具体考古与文物出土情况后续专文介绍）；一个是唐栎阳古城，其遗址在今西安市临潼区栎阳镇，经历了唐、宋、金、元600多年，是亟待保护开发利用的文化遗产宝地。

2008年5月，笔者在对西安中国书法艺术博物馆馆藏秦封泥研究时，发现有"栎阳丞印"和"栎阳右工室丞"2枚封泥。笔者通过锲而不舍的研究，进一步厘清了历史上两个栎阳城的地域分布、年代特征和文化内涵，确立了临潼唐栎阳古城的地位和影响力。

栎阳丞印（原坨）　　　　栎阳丞印（墨拓）

图 69　见证秦汉栎阳古城的孤品秦封泥

1. 唐初置县，历时600多年

史书上把秦汉栎阳城称为"古栎阳"，唐栎阳城称"今栎阳"。1991年版《临潼县志》引唐杜佑《通典》里说："今日之栎阳镇，为唐建栎阳县旧址。北魏宣武帝景明元年（500年）分万年置广阳县。" 清乾隆《临潼县志》："广阳故城在渭河北清、沮两河之间。即今日栎阳镇址。"唐高祖武德元年（618年）建立栎阳县，据《通典》载："唐栎阳即魏之广阳也。"[①] 直到元世祖至元四年（1267年）始降栎阳县为镇，其地并入临潼，至今未变。《陕西地理沿革》："隋仁寿元年（601年）因避太子杨广讳改（广阳）为万年县。"（其城址仍在古栎阳）唐高祖武德元年（618年）撤销万年，建栎阳县，其城移至今栎阳。[②] 而唐时栎阳，又名雍州栎阳，为今栎阳镇。

这里特别要交代的是广阳城，文献记载有两个，即北魏广阳，在今栎阳，北周广阳城在古栎阳。北魏广阳据《地形志》载："广阳县，（北

---

① 陕西省临潼县志编纂委员会编：《临潼县志》，上海人民出版社1991年，第852页。
② 陕西省临潼县志编纂委员会编：《临潼县志》，上海人民出版社1991年，第852页。

魏宣武帝）景明元年（500年）置。"《通典》："宣武帝分万年（506年）置广阳县。" 清乾隆《临潼县志》："广阳故城在（渭河北）清、沮两河之间。即今栎阳县。"① 也就是说，当时的万年城在古栎阳，分万年地置广阳，万年县仍在，其城当未变，所分置的广阳县当在今栎阳。北周广阳城据《通典》里说："北周明帝二年（558年），省万年入广阳，仍移广阳县入旧万年。"② 万年城一直在古栎阳，撤销万年，并入广阳，即把广阳县从原址（今栎阳）迁至旧万年（古栎阳）。此即北周广阳县地。

2. 出土文物，彰显古代文明

位于关中平原腹地的临潼区栎阳镇，是笔者出生、上学和工作过的地方。小时候就听父辈们说，栎阳历史悠久，曾有古物发现和出土。笔者20世纪60年代中后期在栎阳街道上小学的时候，经常从城北门路过。那时候北门西侧一段城墙还在，东西走向和南北走向各有250多米，高6米多，西北角和东北角还有角楼，墙上长满了荒草，是当时栎阳籽棉厂的北墙和西墙，北墙外是壕沟，已干枯。

该厂南北路对面北侧是栎阳地段医院（在古城墙里），笔者就出生在这里。1981年4月这里连续出土北周纪乾、武明、郭映女等人的造像座3件，当时负责该院工作的是笔者的父亲庞济民，觉得这是国家文物，很重要，就立即派人送到了临潼县博物馆收藏。还有1958年发现的北魏的冯神育、王守令、刘道生，西魏的吉长命等4件造像碑，20世纪60年代在栎阳县西村发现的线雕四面造像碑，以及此后在栎阳南门外发现的唐代佛造像、栎阳卷子村发现的大唐故左府君墓志铭等，发现人或收藏者都将这些文物交献给了国家。

尤其值得一提的是，原镶于栎阳古城东门外北壁的"云房飞白草书碑"（因石莹彻可见人影，故名照人碑），据考是金代的，承安四年（1199年）黄庆立石，邢彦刻字。1954年迁移临潼文化馆，1958年大炼钢

---

① 陕西省临潼县志编纂委员会编：《临潼县志》，上海人民出版社1991年，第852页。
② 陕西省临潼县志编纂委员会编：《临潼县志》，上海人民出版社1991年，第852页。

铁时被砸为数块，经修复后现藏于临潼博物馆。此碑在《陕西金石志》有著录。《临潼县志》记载该碑书法："笔力放浪若惊鸿奔骥，可称神品。"

3. 发展前景，拟创建博物馆

2016年5月28日，笔者一行再次来到临潼区栎阳镇考察。曾担任过栎阳街村委会党支部书记、主任，时年74岁的张忍记先生，介绍了他对栎阳古城墙印象，以及亲历的有关情况，并带领笔者一行踏勘了现残留的墙基和位置，据说在民国时还维修过。目前地面以上已看不到古城墙遗址，可地下部分却保护完好，尤其是北墙200多米的一段，遗址之上仅有一道围墙和杂树。回到西安后，主持秦汉栎阳城遗址考古工作的阿房宫与上林苑考古队队长刘瑞先生，立即在中国社会科学院考古研究所调取了1968年11月陕西省临潼县栎阳镇的航拍图，让笔者整理研究。当接到这40多年前隐约可见的栎阳古城方位图时，笔者眼前豁然一亮，建于唐初，历时600多年的栎阳古镇繁荣茂盛的景象，不断浮现在笔者眼前……

图70 西魏吉长命造像碑拓片
（1983年唐栎阳古城出土，原石现藏临潼博物馆，高47厘米，宽37厘米，厚10厘米）

图71 张忍记先生现场所指的地下位置即古城的西北角遗址

2016年6月15日，西安市文物局召开贯彻国务院17号文件《关于进一步加强文物工作的指导意见》座谈会，笔者受邀到会，畅谈了对这一纲领性文件学习的体会和建议。该《意见》指出"到2020年文物资源状况全面摸清""让陈列在广阔大地上的遗产活起来""文物保护成果更多地惠及人民群众""鼓励向国家捐献文物及捐赠资金投入文物保护的行为""文物资源促进经济社会发展的作用进一步增强"等等，这些政策为将栎阳古城列入临潼区、西安市乃至陕西省文物保护单位提供了政策依据。

陕西省文物局（2017）93号《关于开展社区博物馆建设工作的通知》文件指出，"要在全省遴选20家社区作为示范点"。栎阳古镇资源丰富，优势明显，历史发展脉络清晰。西安市临潼区应抓住机遇，积极申请创建唐栎阳古城博物馆，把散落在民间的文物征集整合，展示出来，当是讲好古栎阳故事，提升社区文化凝聚力的重要举措。期待唐栎阳古城墙遗址重见天日，更期待一座特色独具的文化博物馆早日建成！

（二）上雒丞印，佐证了秦朝上雒县治的历史

西安中国书法艺术博物馆馆藏秦封泥，填补了历史上诸多空白，为秦汉印的断代提供了系统的、科学的依据。2015年1月由笔者主编的《中国书法与篆刻》"秦封泥研究"专辑由陕西人民美术出版社出版，馆藏100多枚关于郡县亭里秦封泥中的"上雒丞印"，引起了商洛市古文化研究院院长王国伟先生的关注，并为他正在考证的《秦朝上雒县治的发现》研究提供了实证。

有关上雒县治的历史，商洛市古文化研究院院长王国伟，经过多年考察研究后认为："上雒治邑，始于春秋晋。地处西周莘国之地，与下都（商）、鄀为邻。辖雒水少习内、与楚山、楚水、秦岭分界（今杨斜），连接洛水上洛，于战国'洛间'雒水之上。魏称霸，南北上洛欲含上雒。秦城商塞，沿置上雒、商治邑属商鞅封地。始皇沿置，辖秦四塞秦楚大道之首。西汉随之。东汉更雒为洛而延续"（见《上雒县治史》）。

上雒丞印（原坨）　　　　　　　上雒丞印（墨拓）

图72　见证秦上雒古城的孤品秦封泥

图73　新发现的上雒古城遗址全景图（王国伟提供）

（三）下邽丞印，再现了渭南地名更替的意义

笔者发表于《文博》2009年第3期的论文《秦郡县封泥的历史地理意义》，引起了学术界的广泛关注。2017年10月秦文化研究会秦封泥专业委员会在西安中国书法艺术博物馆成立，西安城墙管委会党委副书记刘又明在参观秦封泥特展时问笔者：下邽丞印的"下邽"在哪里？老家渭南有个"下吉"，下邽和下吉有没有联系？是不是一回事？

1. 下邽、下吉称谓的渊源

要弄清下邽、下吉称谓的渊源，先得从邽字谈起。邽，地名，本是渭河上游古代一个称作邽戎的古老部落聚居地的名字，在今甘肃省天水市一带山区。史载，春秋时期，前秦于武公十年（公元前688年）以武力夺得邽戎地，始置邽县，后改为上邽县。秦始皇二十六年（公元前221年）统一六国之后，行政上实行郡县制，发现前代设有上邽而无下邽，便决定在关中东部设下邽县，治所设在今渭南市下邽镇东南方向的渭河北岸。辖区约为临渭区渭河以北16个乡镇。因此可以说，下邽这一地名的诞生，距今已有2200多年。

关于下吉的称谓，非常有意思。北魏太祖道武帝拓跋珪登国元年（386年）建朝后，发现下邽的邽与他名字中的珪同音，为了避讳，便下令改念"邽"为"吉"，后又改下邽为下封，但仍念下吉。到隋炀帝登基的第二年，即大业二年（606年），又恢复了下邽县的原写法，并恢复"邽"字原读音。这才还原了下邽的本来面目。隋大业十一年（615年），下邽县治所迁至今下吉镇址，直到元世祖至元十六年（1279年）废县为止。也就是说下邽县作为县城的时间长达654年之久。

下邽镇1978年更名为下吉镇，2012年1月9日复名下邽镇，位于临渭区北端，距渭南城区28公里，是临渭区古老集镇之一，又是隋唐下邽古县遗址所在地。

图74 "共建平安下吉"标牌

2. 下邽丞印发现的意义

下邽丞印，品相完整，篆文清晰，不仅是下邽县向秦中央政府上报文书的实证，同时说明这一古县名一直沿用至今。

下邽丞印（原坨）　　　　　　下邽丞印（墨拓）
图 75　见证陕西渭南秦代下邽县的孤品秦封泥

下邽古县，人才辈出，这里最早的文化名人当属程邈，此外还有白居易、寇准等。程邈，始为狱吏，因得罪秦始皇，被幽禁于云阳县（今下邽县）狱中。时上谷郡隐士王次仲改篆法为隶法，朝廷三征不起，秦始皇令程邈"增损其书行之"。程邈潜心钻研，从字形到运笔书写等方面删繁就简，整理出 3000 字，奏于始皇，始皇大加赞赏，准在隶人中使用，放程邈出狱，任为著作郎、御史。秦时文字统一不久，"语言异声，文字异形"。初通用小篆，但篆书繁难，书写费时。程邈所整理的 3000 字，改革了篆书圆弧多、不易写的弊端，方便书写和阅读。因其出之于徒隶，用之于隶，故名隶书，定为秦代书法"八体"之一，被广泛应用。这里名胜古迹丰富，遗址尚存。高耸的古塔、肃穆的古佛，向人们展示着这里曾经有过的辉煌。这里素有"三贤故里"（于右任题书）之称，还有慧照寺（晋）、慧照寺塔（宋）、秦汉下邽县城遗址、景贤书院遗址等。

图76　1914年于右任题写的"三贤故里"匾额

图77　1957年5月31日颁布的渭南市下邽镇古塔保护碑

图78　位于渭南市下邽镇的下邽古塔

下邽丞印具有见证性。下邽，最早《辞海》里说，其地在陕西省渭南市北。其后屡有废置，元初并入渭南县，西魏时曾为延寿郡治所。下邽丞印、蘋阳丞印、重泉丞印、临晋丞印、怀德丞印、宁秦丞印等一大批秦郡县封泥，不仅补充了《辞海》对下邽古县的解读，而且进一步明晰了渭南市下邽镇的历史文化渊源，为我们今天进一步开发特色文化旅游，提供了新的借鉴。

二、对秦文化研究的补证

笔者从1996年始参与了秦封泥课题的研究，现以郡县亭里秦封泥为例，谈谈其中的魅力和意义。

（一）秦郡县封泥对中国历史的佐证与补充

傅嘉仪先生的《秦封泥汇考》，使当时西安中国书法艺术博物馆馆藏的350多个品种的633枚秦封泥（其中220品为原拓），得以全部亮相。笔者经过一年多的学习研考，发现有102个品种153枚均为秦郡县名（或地名、山名），分布在全国30多个郡中，其中73个品种的101枚为西安中国书法艺术博物馆独有；29个品种西安中国书法艺术博物馆有，北京古陶文明博物馆等地也有所见。

根据谭其骧《中国历史地图集》（简称《图集》，中国地理出版社1982年版），在秦全图的四大区域中，秦封泥分布与《图集》标注郡县地名相合的有73品，其中：①关中诸郡25品，属内史辖有咸阳、咸阳亭、频阳、重泉、宁秦、下邽、蓝田、杜、芷阳、高陵、栎阳、临晋、云阳、怀德、废丘、鄩、戏、雍、美阳、漆、虢、商、好畤23品；属北地郡有长武、阴密2品。②山东南部诸郡36品，属泗水郡有四川（泗水）、徐、僮、相、城父、符离、下相、彭城8品；属东海郡有晦（海）陵、堂邑、郯、东阳4品；属东郡的有东阿1品；属山川郡的有女（汝）阳、卢氏、猴氏、雒阳、安丰5品；属砀郡有鄩、芒、下邑、薄（溥）道4品；属颖川郡的有长社、阳城、颍阳3品；属陈郡有阳夏、女（汝）阴、新蔡、南顿、慎、淮阳6品；属南阳郡有鲁阳1品；属薛郡的有薛、任城、鲁3品；属济北郡的有卢1品。③山东北部诸郡8品，属巨鹿郡的有河间1品；属邯郸郡的有邯郸1品；属雁门郡的有平城1品；属恒山（常山）郡恒山1品；属河东郡的有蒲反、安邑2品；属河内郡的有温1品；属代郡的有代1品。④淮汉以南诸郡4品，属九江郡有寿春1品；属汉中郡的有南郑1品；属巴郡的有阆中1品；属会稽郡的有吴1品。这比西北大学周伟洲先生10多年前的考文多50个品种（已减去了重复的22品）。① 况且，咸阳、蓝田、高陵、长武、云阳、南郑、阆中、阳城、泗水、卢氏、汝阳、洛阳、新蔡、淮阳等郡县名，今天还一直沿用。

彭城丞印　　　　相丞之印　　　　徐无丞印

图79　西安中国书法艺术博物馆馆藏秦郡县封泥中的孤品

《图集》没有标注，而西安中国书法艺术博物馆秦封泥所见的郡县地名有29品，其中：①关中诸郡10品，属内史辖的有丰、上雒2品；属陇西郡的有略阳1品；属北地郡的有安武、彭阳、西共、昫衍道、方渠除（道）5品；属上郡的有洛都、翟道2品。②山东南部诸郡12品，属泗水郡的有晦（海）陵、虹2品；属东海郡的有游阳、承2品；属东郡的有东武阳、济阴2品；属南阳郡的有西陵、吕2品；属琅邪郡的有邞、阳2品；属薛郡的有蕃1品；属济北郡的有般阳1品。③山东北部诸郡4品，属巨鹿郡的有浮阳1品；属上谷郡的有夷舆1品；属右北平郡的

---

① 周伟洲：《新发现的秦封泥与秦代郡县制》，载《西北大学学报》（哲学社会科学版）1997年第1期。

有徐无1品；属恒山郡的寿陵1品。④淮汉以南诸郡3品，属九江郡的有历阳、㡣（雩）娄2品；汉中郡的有旱1品。也就是说，西安中国书法艺术博物馆馆藏秦封泥可补正的秦县名（或地名、山名）有29品，比周伟洲先生考文又多25个品种（已减去了重复的4品）①，这又是一大收获。

郡县制是从春秋、战国到秦代逐渐形成的地方政权组织。春秋时，秦、晋、楚等国初在边地设县，后渐在内地推行。春秋末年以后，各国开始在边地设郡，面积较县为大，但因地广人稀，地位要比县低。战国时在边郡设县，渐形成县统于郡的两级制。秦统一后，分全国为三十六郡，后增加到四十郡，下设县。由于郡、县长官均由中央政府任免，所以上报文书是直接报中央的；又因"典文书及仓狱"的"丞"（县令辅佐）为直接责任人，故在陕西出土的大量的秦郡县封泥中，"××丞印""××之丞"占总数的98%以上。这即是秦中央集权政权组织文书程序的明证。

郎中丞印　　　徐丞之印　　　阴密丞印

图80　西安中国书法艺术博物馆馆藏秦郡县封泥中的孤品

（二）名山封泥的出现标志着秦旅游地理的形成

旅游是一种古老的社会活动，距今已有2000多年的历史，《易经·系辞》中出现了"地理"和"观国之光"之词，但在经济落后、交通闭塞

---

① 周伟洲：《新发现的秦封泥与秦代郡县制》，载《西北大学学报》（哲学社会科学版）1997年第1期。

的岁月里，旅游是帝王将相、达官贵人、富贾巨商等少数上层人物才能有的享受。《论语·雍也》记载了孔子周游列国的情况，观礼观风，游览名山大川，还总结出高山与流水不同美景的效果。《穆天子传》则记述了公元前11世纪周穆王西游时沿途所见及其会见西王母的情景。

到了秦代，随着郡县制在各地的实行，对旅游地理的形成起了推波助澜的作用。秦始皇推行五德，自封为真人。"及秦并天下，令祠官所常奉天地名山大川鬼神可得而序也。"（《史记·封禅书》）而与前代帝王不同的是，秦王政从二十七年（公元前220年）秦始皇开始五次全国巡游，虽说是为自己歌功颂德，却为我们后代留下了丰富宝贵的文化遗产，如泰山刻石、琅邪台刻石、峄山刻石等，成为学习秦小篆书法艺术的范本。据史载，自殽以东，名山五，大川祠二。自华以西，名山七，名川四，仅在陕西就有华山、薄山（在潼关北）、岳山（在武功县）、岐山（在岐山县）、吴岳（在千阳县）、鸿冢（在凤翔县），占了6个。[①]

值得关注的是，在西安中国书法艺术博物馆馆藏秦封泥中，有一枚旱丞之印（图81）。细考，旱既不是郡名，也不是县名，而是一个被誉为"古代汉中的神山"。旱山位于今陕西省汉中市南郑县（周家坪）南十里，海拔1743.3米，故"汉""旱"通用。"民国"二十七年（1938年），因讳天旱，始由南郑县政府明令公布，改为"汉山"。《诗经·大雅》云"瞻彼旱麓"即指此，汉中也由此得名。汉山是汉中盆地的晴雨表，《南郑县志》载："（汉山）顶上有云即雨"；汉中民间谚语云："汉山顶亮，晒得够呛；汉山戴帽（起云），大雨即到。"

汉山，又被誉为"汉中明珠"，清代楚文曍咏《汉山樵歌》诗云："汉山耸地立，云内闻樵歌。伐木同声应，求仙未烂柯。乐从苦里出，曲从静中和。蹊径行还住，听余清音多。"这是对昔日旱山美景的真实写照。旱丞当是管理旱山祠礼之佐官。当时能为一个小山设立专门的管理机构，况且级别似乎与一个县级别相对等，应视为我们今天诸如云台山管理委

[①] 陈全方、李登弟主编：《陕西古代简史》，陕西人民教育出版社1996年版，第224页。

员会、华山管理委员会和太白山管理委员会等专门管理机构的发端。旱山在《中国历史地图集》中未有标注，应该认为是对秦代名山大川地名的补充。

旱丞之印（原坨与墨拓）　　　　底柱丞印（原坨与墨拓）

图 81　西安中国书法艺术博物馆馆藏秦郡县封泥中的孤品

同时出土于西安北郊汉长安城相家巷村的秦封泥中，还有1品底柱丞印（图81），特别引人注目，收录在伏海翔主编的《陕西新出土的古代玺印》一书中。笔者将其与《中国历史地图集》对读，发现在山川郡三门峡市北黄河中标注有"底柱"二字。细查《辞海》，底柱的确为一山名，也称砥柱山，治今在山西平陆县东五十里大河中流，南与河南省陕县接界。《尚书·禹贡》"底柱析城"，亦作砥柱。《水经注·河水》"河水又东过碛柱间"注云："砥柱，山名也。昔禹治洪水，山陵当水者凿之，故破山以通河，河水分流，包山而过，山见水中若柱然，故曰砥柱也，亦谓之三门。"唐赵冬曦《三门赋序》写道："砥柱山之六峰者，皆生河之中流，其北有两柱相对，距崖而立，即所谓三门也。次于其南有阻孤峰揭起，峰顶平阔，禹庙在焉；……复次南有三峰，东曰金门，中曰三堆，西曰天柱。"《陕州志》记载："三门，中神门，南鬼门，北人门，惟人门修广可行舟，鬼门尤险，舟筏入者罕得脱，三门之广，约三十丈。"这说明在2000多年前的秦代，底柱山就很有名气了，否则不会专门设立管理机构。由此可知，秦代在各地设立郡县的同时，对一些名山也设立了管理机构，以供人们游览和祠礼。

三、有关封泥手纹、材料及其制作工序的探索

秦封泥的科学价值，不仅体现在对封泥出土地现场的科学考古，而且体现在封泥形成材料的配置和制作方面。前者已经有了明确的定论，对于后者的研究和关注则刚刚起步，期待有新视角新论述推出。

今天我们看到的实物，是2200年前的遗物，其表面除给我们展示清晰的文字信息外，还有"指纹"信息。指纹，也称"手印"，是手指上皮肤的纹理。亦指这种纹理留下来的纹路。在西安中国书法艺术博物馆"秦封泥特展"厅里，细心的朋友除观看展柜里泥坨坨上的文字而震撼惊喜外，还可以发现在许多泥块周围有明显的指纹。有的纹理清晰可变，有的纹理纵横交错，有的指纹方向一致，有的指纹结集有序。从中可以看出明显的人工丸捏、聚拢的痕迹，让我们对秦人智慧和工艺肃然起敬。

记得2015年6月的一天下午，来自四川的李先生在参观中问道："庞馆长，从这泥块上的指纹可以推测是哪位官员封缄的吗？"这句提问，的确问出了"问题"，也问出了大家都想获知的"秘密"。当时笔者没有直接地回答，只是说上面确有好多古人的信息，还有待我们进一步研究。

"宗正"边轮上的手纹　　　　　　"中车府印"边轮上的手纹

图82　秦封泥边上的指纹（一）

如何解读2200多年前秦人给我们留下了这一珍贵实物？如何将这一"信使秘码"告诉热心的读者和观众？时间已经过去七八年了，笔者一直在思考着"指纹秘密"这一课题。指纹是人手指末端指腹上由凹凸的皮肤所形成的纹路，是人类在接触物件时，增加摩擦力自然留下的遗

痕，有斗形纹、弓形纹和箕形纹三种。戊戌秋月大秦封泥艺术研究院成立后，笔者在综合秦代陶文研究成果的同时，先后通过对具有代表性秦封泥原件的多次比较、观察分析后认为有四点可以肯定：

一是这些指纹都是秦代负责文书封缄的官员所为，从秦封泥官职中反映的大量"丞印"印文可知，均是由"三公九卿"、各郡县和有关所属机构，负责行政管理的副职官员——"丞"或文书管理人员来完成。

二是这些指纹首先都是在一道"命令""诏事"或"密电"下达后，才进入文书封缄程序所留下的独有"遗痕"，从中可以窥探秦人的保密信码和真迹，让"以检奸萌""物勒工名"的制度落实到了实处。

三是这些指纹都与秦代的官员结构和任职情况有关，每个"手指纹路"，都代表着秦代各级官员的工作态度和工作质量，尽管现在我们还无法具体落实到每位官员的姓名，但实物上已经真实的记录他们遗留下来的痕迹。

四是这些指纹封泥通过墨拓品的转化，彰显出封泥的唯一性和科学性，丰富了封泥的观赏性和艺术性，不仅让秦代一枚枚官印"生花"，同时为一枚枚官印"添彩"，从而增加了秦封泥的审美价值和艺术境界。

"公车司马丞"边轮上的手纹　　　　"右织"边轮上的手纹

图 83　秦封泥边轮上的手纹（二）

指纹具有唯一性、遗传性和不变性三大特点，指纹是每个人的独有标记，指纹早已运用到国家司法实践中。随着现代化科学技术的发展，相信总会有一天，秦封泥上的指纹秘密能被破解，成为秦封泥文明史上的创举。

2019年12月25日，笔者和中国艺术研究院中国篆刻艺术院理论部主任冯宝麟先生，有关秦封泥研究的对话——《泥团上面的秦代文字》长篇文论，在《中国书画报》第50期发表后，在书法篆刻界引起热议。其中最值得关注的是中国书法家协会副主席、教育委员会主任翟万益先生，他先后撰写了《封泥臆想录》《封泥臆想录（二）》两篇文章（先后都发表于2020年初的《中国书画报》），主题均为通过秦封泥进一步对于封泥材料及其制作过程的探究，其认识角度新颖。其中主要学术观点有二：

一是其干燥快、不碎裂、坚硬如金石，又柔而坚，具有一定的抗碎强度的泥巴为"复合泥"。翟先生认为：

> 其主料为石灰粉，古人通过反复实践明白了它的性能，再加上鸡蛋液、米汤、酒水，四者和合，反复揉搓，使之精良密致。这个加工的量与调和牛肉拉面的量同致，一次加工一批，以丸形储于官府的陶器内密封，用时取出一丸，置于检封之上，授之以印，封付邮传。封泥因其调和的液体是酒水、鸡蛋液和米汤，比水料易于挥发干固，而鸡蛋液、米汤水与石灰粉相拌合，增加了泥团的坚固性，所以这个泥巴到了目的地时，已经变得和石头一样硬了。因为石灰粉本来就是石头化解的，和以鸡蛋清、米汤水，便是和石头一样坚硬。这个若要进行了科学界定，那就是中国人在2200年前发明的"水泥"，特点是自然凝固、坚硬如铁，为有机物和无机物的化合物。封泥乃天下所需，各郡县皆得制造，县令及文书吏都知道这个配方，但各地配方的量，仍然有一些差别，如南方用白米熬汁，北方以黄米煮汁，加入白色的石灰粉，颜色则变得各有其相，再加上鸡蛋的色彩、酒水的色彩，四个变因，包括随机性变化，也就让这块"泥巴"五颜六色、异彩纷呈。

二是秦封泥整体制作过程应该经过制模、铜化浇注、印章钤于封泥三个阶段。翟先生文中仔细叙述了制作信息：

这一过程一定是先把印稿写到模板上，然后再用刀雕刻。需要铸出的印文是阴文，那就得在模板上刻成阳文，如果需要铸出的印文是阳文，模板上雕刻的文字则一定是阴文。秦印印文多为阴文，由此可以得出，秦印模板也相应以阳文居多。因模板雕刻文字之面平整光滑，那么刻出阳文字口的一面也绝对保持着平滑的状态，浇铸出的印章文字的底面也同样保持一个水平面，这样制作出的印章文字底部平整，为下一步钤盖封泥字口转换为同一个水平面提供了技术保证。秦代印工在泥模上刻制印模，刀具与泥接触，和行刀于石的感觉完全不同。我们现在以刀刻石，力度较大时会形成石面的残驳，会出现锯齿状，而秦泥模绝对不会超过石头的硬度，规整的文字、细致的笔道，都不需要大刀阔斧的砍凿。整个过程自始至终都是小心翼翼地完成，不能有丝毫的马虎松懈。

对这个过程的行进以及材料质地进行分析来看，都不会产生出些许的金石味来。模子做好了，把铜化解成液体，浇注入印模，铜液流入模子，流入了文字的笔道。作为一种流动的液体，铜液与固化时的性能完全不同，它是像水一样的液体，也是不可能产生出丝毫的金石气息的。热胀冷缩是金属的属性，铜液流动的饱和度、铜液与模型之间的间隙变化等，体现得最明显的便是棱角的钝化、刀痕的消除。作为一个印章的毛坯，从模具中走出来已经发生了第二次变化。刻模只表现出泥巴的柔和之气，铜液浇铸再度表现出了柔情似水的变化形态，这两个过程都不会产生出金石气息，但此时印章制作的过程已经全部完成。接下来是将印章钤于封泥之上，这是印章诞生过程中第二次与泥巴的接触。我们略去封泥质料的千差万别，在钤按的那一瞬，泥的质性是完全存在的。细腻坚硬的印文钤盖在封泥之上，可能产生这样的效果：封泥不同幅度地形变，使这个封泥原本水平的面发生扭曲，形成了各种大小不同的弧度。我们现在看到的关于封泥的资料，除去实物照片，就是封泥的拓片，按照鉴赏习惯，似乎看拓片比看实物照片效果更好一些。拓片的制作一般是用宣纸，将润湿的纸覆在封泥的字面上，用棕帚打出字形来，再用拓包蘸墨拓出文字。

那么，我们再来分析一下这个过程：一定厚度的宣纸覆在字上，棕帚打出来的字口宽度加上纸的厚度，肯定是变宽了，纸越厚，字口会变得越粗，这是加粗的一个方面。接下来，用拓包蘸墨上色，再把字打出来，拓包是软的，墨是液体，纸是半湿不干的，这几个因素加在一起，又增加了文字字口的宽度。在整个拓片制作的过程中，柔软的纸、柔软的拓包，即使封泥上有一点残驳，经过这个"柔软"的操作过程也是会淡化许多。我们看到的印刷品经过了工厂复杂的印刷制作过程，这其中又会带来很多形变。如果以最现代的光刻机技术为参数，一根头发丝上能刻 3200 个刻痕，那封泥的这几番前世今生早已无法被当代先进科技所容忍了。

从以上分析可知，封泥从开始到我们看见的拓片、印刷品都不会产生金石味。而秦印的金石味也不是在制作过程中产生的，它是在 2000 多年的地下生活中受到各种侵蚀，使印章机体发生了残损而出现的，这是金属物和秦封泥的区别。铜质的印章锈蚀了，而封泥完好如初，由此，我们可以断定封泥材料的特殊性实非一般泥巴所限定。

翟万益先生祖籍陕西三原，生于甘肃平凉，供职金城兰州，曾任甘肃省文联副主席，一直从事书法篆刻创作与艺术理论研究，著述甚丰。从以上引文中，我们可以看出，他对家乡大秦文化传播，一往情深，对大秦封泥文明，关注尤佳。已发表的宏论，观点新颖，对秦封泥的深化研究，大有裨益。2020 年 7 月初翟万益先生邀请笔者赴兰州，做了"大秦封泥里的书法篆刻"为主旨的专题访谈，给篆刻届朋友在继承、借鉴大秦封泥精华的基础之上如何在篆刻手法上再度创新提出了一些探索性的启示：

我想从战国时代开始一直到当下，用手里的刀，创造出了很多的完美，完美并不是完结。一个新的起点正在等待我们，如何做好这方面的工作。我想是不是应该有这样几个方面的参考。庞先生谈了几点，第一点是要有秦代印章的大气磅礴，怎么样做到大气磅礴？当代又该如何在秦代的基础上做到大气磅礴？这又是一个新的课题。秦代的大气磅礴，它是一种精神方面的张扬。在当下怎样把那种张扬的东西拿过来变成我们新时代的一种创作，这是每一个印人深刻思考的问题。大家看过封泥以后都知道秦小篆，大家看的多是方平正直。在这种状态下，不能把方平正直全部纳入自己的创作中。比如说秦印上面的一些平行笔画，在篆刻家的刀下是不是要变成一种放射形的，就是延长线到一定的程度，变成一种交点或是一种辐射线，这就跟秦代拉开了距离。庞先生做印，从头到尾每一个笔画都很饱满，都很直，就是说我们刻的时候是不是应该把这些东西加以丰富变化，笔画的曲折起伏是不是都能够巧妙地加入，这是一个方面。第二点就是秦印作为一个系列形成了自己的面貌。我们在今后的创作过程中，是不是能够把战国玺印、汉印，甚至唐宋官印列进去，甚至于一些当代应用的成果，随时纳入你的刀下创造，是一种看上去是秦封泥、秦印的本质性的东西，但是又用了新的元素。庞先生探讨的封泥，周边就有一些丰富的变化，试想上千上万封泥做出来以后，它的周边都不一样，我们能不能把周边的一些形状变成笔画的一种缩影、模型。在这样一种情况下，我们又是如何发挥自己的智慧，一方面保证秦封泥、秦印这一系列原初的丰富饱满性，另一方面加进去的这种元素又是非常鲜活，能让人感受到就像做了一个饼子似的，里面加了盐、加了糖，或者加了鸡蛋，能够吃出来，但却看不

第七章 秦封泥文化与科学、艺术价值

123

见。只是说观者能够感受到这些方面，这是我最近思考的一些问题。这一方面庞先生已经做了很多的功课。

图84　2020年7月5日笔者应中国书法家协会副主席翟万益邀请，做客"中国兰州网"，为金城的朋友讲述"大秦封泥里的书法篆刻"

第八章 秦封泥展览及其学术研讨活动

一、区域性重点展示

秦封泥自 1997 年春入藏西安中国书法艺术博物馆，先后有四次大的区域性展示：一是 2000 年 5 月在西安城墙南门瓮城城楼，30 枚代表作亮相；二是 2004 年 3 月"全国第八届书法篆刻展"在陕西举办期间，100 枚封泥与观众见面；三是 2008 年 9 月西安中国书法艺术博物馆迁建城墙含光门遗址博物馆时，在中国书法简史陈列区展示封泥 100 枚；四是 2014 年 4 月西安中国书法艺术博物馆在大明宫新馆开辟了 600 平方米专门的展示区域，一次推出"秦封泥特展"共 251 枚，成为全国第一个以秦封泥为主题得特色展览，2015 年此展参加了全国博物馆十大精品展评选活动。

2014 年 12 月陕西省文物鉴定委员会，依据 2001 年 4 月 9 日国家文化部第 19 号令《文物藏品定级标准》[①]，组织专家对西安中国书法艺术博物馆明清以前 154 件馆藏文物进行了现场考察，有 100 件代表性秦封泥脱颖而出，被确定为国家等级文物，其中右丞相印、廷尉之印、四川太守、少府、西盐 5 件为一级文物；左丞相印、宗正、中尉之印、阳陵

---

① 《文物藏品定级标准》（中华人民共和国文化部第 19 号令），见陕西省文物局、西安市文物局汇编：《博物馆工作手册》，2011 年版，第 35—36 页。

禁丞、丽山飤官、内史之印、蜀左织官、采青丞印等15件为二级文物；少府榦丞、芷阳丞印、上林丞印、高章宦丞、白水之苑、公车司马丞、具园、符离等57件为三级文物；蓝田丞印、卫士丞印、泰宰、尚冠等23件为一般文物。

右丞相印　　　　　少府　　　　　四川太守

图85　西安中国书法艺术博物馆国家一级文物秦封泥3枚代表作

这次对秦封泥级别的鉴定在全国还是首次，这既是西安中国书法艺术博物馆建馆30年来收藏、展示和研究工作取得新成果的一个重要标志，同时又是省市文博系统积极践行文物藏品架起沟通的桥梁的一个新亮点。

（一）历史价值

这批秦封泥第一次完整地勾画出秦官僚机构的网络图，是我们认识"三公九卿"制度的"指南盘"。西安书法艺术博物馆馆珍藏781枚秦封泥共350个品种，几乎囊括了"三公九卿"的主要部门和官职，诸如丞相、奉常、郎中令、太仆、宗正、中尉、内史、典属国、将作少府等，其中左丞相印、右丞相印的丞相印紫绶，掌丞天子，助理万机，是辅佐秦王总理全国政务的最高行政长官。秦国历史上先后有22人担任过此职，其中张仪、魏冉、杜仓、蔡泽、吕不韦等为丞相；甘茂、向寿、昌平君、王绾、李斯等为左丞相；樗里疾、楼缓、隗状、冯去疾等为右丞相。①

---

① 安作璋、熊铁基：《秦汉官制史稿》（上册），齐鲁书社1984年版，第25—26页。

廷尉之印中的廷尉，是最高法院院长；少府是皇宫事务管理部部长；西盐为秦时设于西县的主盐税官署。四川太守中的四川，并非今天的四川省，而指泗水，即秦泗水郡，汉改名沛都。《汉书·萧何传》言："何乃给泗水卒史。"如淳曰："秦并天下为三十六郡，置守、尉、监。"此泗川有守有监。泗水郡本为四川郡，后则有泗水之故，改为泗水郡。因史书未有详载，后人作书仅能推测而已。《汉书·百官公卿表》云："郡守，秦官，掌治其郡，秩二千石。"①从此封泥出土可知，太守之职应始于先秦。今治安徽省淮北市，即为孤品，填补了秦史研究的空白。

（二）科学价值

这批秦封泥第一次系统地揭示了一批鲜为人知的亭里郡县及宫殿苑囿名称，是我们考察秦历史、地理演化的一部活字典。秦封泥中有相当一部分来自各郡县，所以呈五颜六色、形象斑斓，耐人寻味。西安中国书法艺术博物馆珍藏的秦封泥中就有102个品种153枚为秦郡县（含地名、山名），其中73个品种为西安中国书法艺术博物馆独有（有些史籍无记载），像咸阳、蓝田、高陵、长武、云阳、南郑、阳城、阆中、卢氏、洛阳、汝阳、新蔡、淮阳等郡县名，今天还一直沿用。②

（三）艺术价值

这批秦封泥第一次准确地提供了为数可观的秦官印风貌及其模式，是我们今天建构篆刻艺术学科的重要资料库。据王伟《秦玺印封泥职官地理研究》列举最新资料显示，目前有秦官印218种，241枚；有秦封泥1159种，6727枚。③大量秦官印封泥的发现是对秦官印的极大补充，更重要的是秦封泥为我们提供了一组标准化、规范化的秦文字样本。

---

① 班固：《汉书·百官公卿表》，中华书局1962年版，第742页。
② 参见庞任隆：《秦郡县封泥的历史地理学意义》，载《文博》2009第3期。
③ 参见王伟：《秦玺印封泥职官地理研究》，中国社会科学出版社2014年版，第55—56页。

二、专业委员会深化

在陕西省文物局、中共西安市委宣传部、西安市文物局、西安市财政局和西安城墙景区管委会等单位的大力支持下，西安中国书法艺术博物馆在2014年5月18日国际博物馆日来临之际，推出馆藏16年的"秦封泥特展"。西安中国书法艺术博物馆学术委员会将特展的宗旨提炼成"五让理念"，即"让文物历史价值得以体现，让文物文化价值得以展示，让文物艺术价值得以弘扬，让文物创造精神得以传承，让文物学术成果得以惠众"，以实物观赏、动漫演示、专题片播放和互动体验为形式。近5年来，书法艺术博物馆接待观众10万多人次，赢得了社会各界的广泛好评："封泥是一种文化，是我国人民应该充分了解的珍品。"

（一）在法治方面

封泥是我国古代三大文书程式之一，主要用于以竹简（或木牍）为载体的典籍和往来文书上，起到"以检奸萌"的作用。魏晋普遍使用纸张以后，改为了"钤朱"形式，"印封"这一程式便退出历史舞台。秦封泥可以说是最早的、最成熟的封缄形式，是我们国家最早的"保密法"。

图86　2014年7月31日印度暑期考察团一行30人参观秦封泥特展

秦代私拆信件、泄密者要受到严格处罚。来自湖北浠水小学的虞惠嘉同学参观后形象地说："封泥是保密的，封泥坏了皇上要杀人的！"这在古代本身即是科学创造，又是艺术创新。

（二）在勤政方面

据《汉书·刑法志》载：秦始皇"躬操文墨，昼断狱，夜理书。自程决事，日悬石之一。服虔曰：悬称也，石，百二十斤也。始皇省读文书，日以百二十斤为程"。这批秦封泥出土地在西安北郊汉长安城遗址相家巷村，据专家考证这里曾是秦时的南宫遗址，是秦始皇办公的地方，因此说这些高规格的封泥封缄很有可能是秦始皇亲手拆封过的遗物。2014年《三秦都市报》记者赵争耀曾在"三秦文博"专栏撰写了一篇《王朝秘密秦封泥的故事》的报道，引起观众热议。这对我们今天倡导领导干部深入实际，调查研究，勤于政务，形成良好的工作作风，起到了积极的推进作用。

图87　2014年9月22日全国政协副主席韩启德体验封泥封书

（三）在书法方面

这批秦封泥第一次艺术地再现了秀丽挺拔的秦小篆，是一幅幅袖珍式的书法作品，是我们学习和临摹秦封泥文字的范本。秦文字以小篆为主体，上承大篆，下启汉隶，载体主要有简牍文、陶文、诏版文、权量文、刻石文等。从目前看，秦封泥文字是秦文字的重要组成部分，在中国汉文字发展史上具有重要地位。它既有战国文字的遗韵，又有自身发展过程中的独特风格。秦封泥再现的是秦代挺拔多姿的小篆书法艺术，是秦始皇"车同轨，书同文"的真实反映，是秦代标准文字的原始记录，体现出秦小篆整体端庄、纤劲秀丽的特点，所以说秦封泥是秦人用黄土塑就的一部美学史诗，值得广大青少年和书法篆刻爱好者好好研究和认知。

（四）在保护方面

秦封泥在制作时相当考究，要经过批准，要进行丸制，材质还有紫泥、青泥和黄泥之分，因而出土的秦封泥五颜六色、丰富多彩。2014年西安中国书法艺术博物馆采取保护性的展示方式，即给封泥文物展柜内放置了适量的可自动调节温湿度的除味净化炭和刻度水容器，即使在高温和连续阴雨等外部环境变化时，封泥文物也不会发生干裂和霉菌等病害，确保了秦封泥安全、完整地再现给观众，成功地实施了库房保管到展示保护观念的转变，取得了在保护方面阶段性成果。

（五）在智慧方面

魏晋纸张普遍使用以前的书籍，书信都是写在用麻绳或牛筋编起来的竹简或木牍上。人们的书信往来是用绳子捆绑起来的竹简或木牍，为了防止投递过程中被第三者偷窥，通常在绳结处粘上一块胶泥丸，并在泥丸上留下写信者的印章痕迹，它是缄封简牍以防私拆的信验物，是古代劳动人民聪明智慧的结晶。为了把这一文化形象化，让观者在西安中国书法艺术博物馆"秦汉印吧"里实实在在的体验，2015年7月我们策划启动了"大秦信使：封缄系列文化活动"，设计推广相关文化衍生品，诸如成人竹简封、契约木牍封等，参与者提供姓名和书信内容，可对亲友等寄语，包括祝福、嘱咐、期望、誓言、承诺、备忘录等，以再现诚信、守法的社会主义核心价值观，传播社会公德中的正能量，让观众在喜闻乐见的形式中，享受秦文化，得到佳收藏，从而自觉地遵守法律赋予公民的义务和权利，实现习近平总书记关心历史文物保护工作暨"留住历史根脉，传承中华文明"的嘱托。

图88　2015年7月4日庞任隆馆长向市民李晓霞赠送封泥封书

藏品是一个博物馆的灵魂，破译藏品中丰富的文化基因，是我们文博人义不容辞的职责。从秦封泥研究到举办秦封泥特展，从秦封泥等级鉴定到开展秦封泥文化活动，秦封泥已成为西安中国书法艺术博物馆公众教育活动中一张亮丽的名片。这张名片不仅让博物馆藏品服务更加突出，同时让博物馆的管理水平大大提升。在2015年7月西安市行业博物馆考核工作中，西安中国书法艺术博物馆的陈列项目、展陈设施和公共服务均赢得好评。考核组认为："该馆在秦封泥藏品、模拟演示交流活动、学术成果等方面均在海内外书法界产生了良好影响。其陈列展览个性鲜明，内容丰富，手段新颖；书法艺术培训、社会宣传活跃；区域划分、空间利用合理，文创产品独特。"

秦封泥文化的重要作用，可归纳为三点：

一是文化支撑作用。秦封泥是秦代印章艺术的再创造，是秦小篆书法艺术的再展现。

二是品牌展示作用。"书法进校园"活动是书法博物馆"走出去"的品牌，目前已走进全省60多所学校；"秦封泥特展"将251枚秦封泥与中外嘉宾见面，是书法博物馆"请进来"的品牌，和"秦汉印吧"互动体验效应互补，以增强观众的参与性。

三是宣传推广作用。2009年10月中国书法和篆刻双双列入人类非物质文化遗产名录后，西安中国书法艺术博物馆的资源优势越发的凸显出来，中国书法发展室陈列、再现中国书法文化精粹；"秦封泥特展"展现中国印章文化精髓，其形象互为表里，以增强观众的认知性。

三、学术研讨会提升

2017至2019年，西安中国书法艺术博物馆秦封泥文化的研究、推广、宣传迈出了三大步，尤其是商洛、渭南、西安三次学术研讨会的成功举办，其影响和范围不断扩大，市民和观众对秦封泥的认知度和理解程度在不断地增强。

（一）商洛学术研讨会

2017年5月16日，在盛唐故地大明宫隆重推出了右丞相印、上雒丞印和栎阳丞印3枚秦封泥，8月上旬又在商洛市成功地举办了"商於古道——商洛市历史文化学术研讨会"，先后收到来自日本、北京、广东和西安专家学者提交的论文近20篇，王子今、周苏平、徐卫民、庞任隆、孙稼阜、张维慎、王伟、陈晓捷、马骥、王国伟等发言交流，取得了丰硕的研究成果，产生了积极的社会效应。会议期间倡导成立的秦文化研究会秦封泥专业委员会，并于2017年10月落户西安中国书法艺术博物馆，钟明善、韩天衡、李毓芳、骆芃芃、孙慰祖、施谢捷、韩焕峰、杨广泰、周晓陆等40多位专家、教授、博士任顾问或参与研究工作，开启了秦封泥文化服务大西安全域旅游的新格局。秦封泥的历史、科学、艺术方面的三大价值均蕴含秦代文明的重要信息，越来越为世人所认识和关注。

（二）渭南学术研讨会

2018年5月16日西安中国书法艺术博物馆又公布秦封泥研究的第二批成果，这就是"大秦西安"渭南地区的8枚秦封泥（涵盖6个县），名称分别是下邽丞印（渭南）、蘋阳丞印（富平）、怀德丞印（大荔）、临晋丞印（大荔）、重泉丞印（蒲城）、宁秦丞印（华阴）、白水之苑（白水）、白水苑丞（白水）。秦时渭南诸县，是秦都咸阳内史的主要组成部分，在经济发展等方面发挥了重要作用。郡县治，天下安。我国的县建制始于春秋，因秦代推进郡县制而得到巩固和发展。2200多年来，县一直是我国国家结构的基本单元，稳定存在至今。西安中国书法艺术博物馆馆藏的100多枚秦郡县封泥，正是见证这一成功制度的重要文物和实物。

打造文化名胜地，谱写封泥新篇章。2018年8月8日，"大秦西安——渭南秦封泥历史文化国际学术研讨会"在渭南市举行。其间组织封泥遗迹考察交流活动，诸如渭南人把下邽改为下吉，现又恢复下邽的谜底会逐步揭开。这是继2017年8月"商於古道——商洛市历史文化学术研讨会"之后，西安中国书法艺术博物馆学术委员会和秦文化研究会秦封泥专业委员会举办的第二次秦封泥专题研讨交流会议。旨在弘扬大秦文明，展示封泥成果，树立文化自信，推动全域旅游。会上王辉、张全民、庞任隆、刘天琪、刘瑞、王伟、张维慎、陈晓捷、雷新峰、王国伟等15位专家学者从不同的角度阐述了秦封泥在历史、科学、艺术方面的价值，再现了2200年前秦代文书封缄制度珍贵遗物秦封泥所蕴含的丰富信息和动人故事，对渭南市秦文化的挖掘和开发具有十分重要的意义。

秦时渭南诸县，是秦都咸阳内史郡的"东大门"，是县治区域文化的主要组成部分，在发展经济、促进国家统一和长治久安等方面发挥了积极作用。西安中国书法艺术博物馆珍藏展示的"大秦西安"渭南地区8枚代表性秦封泥官印，正是对这一段历史文化和地理地名的补充和佐证。

下邽丞印中的"下邽"，是为呼应秦武公伐邽戎置上邽（在甘肃天水）

而在陕西东部置下邽县,今治在渭南市固市镇东南。

临晋丞印的"临晋",战国魏邑,秦置县,秦筑高垒以临晋国,在今陕西省大荔朝邑镇西南,是关中平原东部的重镇,与山西运城市临猗县的临晋镇同名,但不同义。大荔临晋,楚汉争霸时有"韩信在临晋设疑,一举突破赵军防御"的故事传颂,更有2000年前的先民们发明了井渠施工法,在商颜山今称铁镰山(高120多米,黄土覆盖的古原)西段开凿了中国最古老的引水隧洞,是为一大奇迹。

怀德丞印的"怀德",《一统志》云,在今富平县南十里,《水经注》谓在今大荔县东旧朝邑县。到底哪个可信,有待专家学者进一步考证。但是公元前221年,秦始皇在临晋黄河西岸设祭祀黄河的祭水祠,是不争的事实。

蘋阳丞印的"蘋阳",战国秦置县,秦厉共公二十一年(公元前456年)始在频山以南设置频阳县治,故址在今美原镇古城村一带;秦统一全国后,以频阳属内史辖。故城在今富平县东北五十里。特别是近年来富平县发挥古频阳历史文化优势,打造系列旅游文化景观和产品,受到关注。

宁秦丞印的"宁秦",战国秦置县,是华阴市的前身,取安宁秦疆之意。秦惠文王五年(公元前333年)更名宁秦,高帝八年(公元前199年)更名华阴,有"秦之东邑则曰宁秦"的称谓,故城在今华阴东南,位于华阴市卫峪乡段家城的瓦渣梁上,还有东西长1120米、南北宽700米的宁秦县城遗址,出土的条砖上有"宁秦"二字篆书。

重泉丞印的"重泉",同是战国秦置县,是蒲城县的前身,治今蒲城县东南50余里的孙镇。这里开发创建的重泉古镇,融历史典故和民俗风情为一炉,有古城墙和古城河,让古老的乡土文明回归本真,可谓全域旅游文化的典范。

白水之苑和白水苑丞中的"白水",春秋时属雍州。秦孝公十二年(公元前350年)置白水县。秦在白水置苑,未见于文献。此苑为厩苑,是秦代设在白水的水草丰美的养马良场。尤其值得注意的是,在这8枚秦封泥中,始终没有变的地名是白水,原因是这里传承延续了4000多年的文明，其标志是仓颉造字。其县城西北三十五里史官村有仓颉墓、仓颉庙，白水被文字学家认为是仓颉造字的发源地，源泉的"泉"字分开来就是"白水"二字，完整地再现了中国汉字文化的原始形象和艺术魅力。

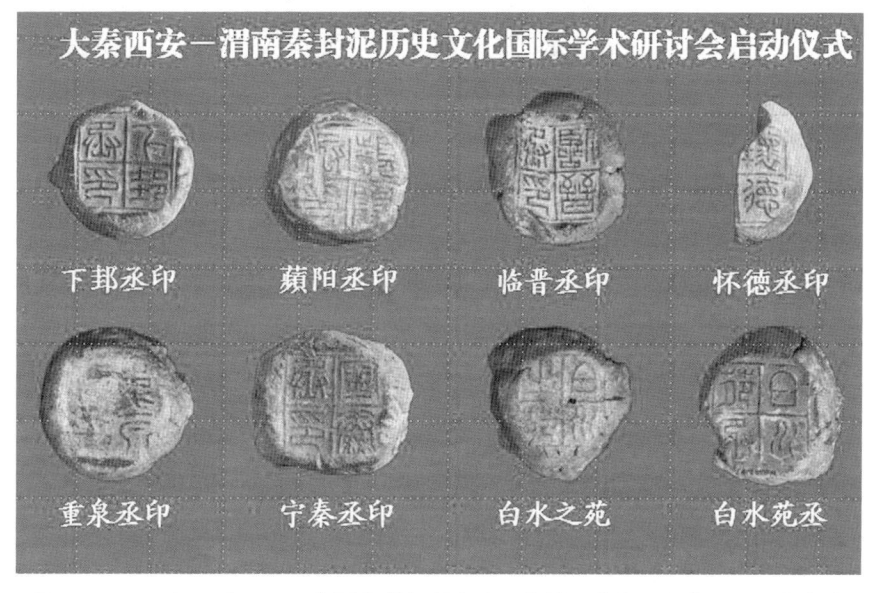

图89 2018年8月8日，在渭南举行渭南地区秦封泥学术研究成果新闻发布会

（三）西安学术研讨会

西安中国书法艺术博物馆第三批30枚秦封泥学术研究成果，已于2019年5月8日《西安日报》《秦封泥中的"大西安"》一文中公布。

2200年前的秦代，国都就在陕西关中腹地咸阳，以秦内史郡为核心的36个郡（以《史记》为准）756个县（2016年晓荣考证），构成了大秦郡县制的宏伟蓝图。在西安中国书法艺术博物馆1997年收藏的350多个品种781枚秦封泥中，涉及陕西境内郡县亭里和宫殿苑囿的封泥就有60多个品种100多枚，蕴含大量的、丰富的古代文化密码和信息，成为佐证大秦文明、历史地理和郡县制度特别珍贵的文献资料，其中有10多枚秦封泥填补了历史地名空白。西安研讨会推出的30枚重要成果名称分别是：酆丞（西安长安）、杜丞之印（西

秦封泥 概论

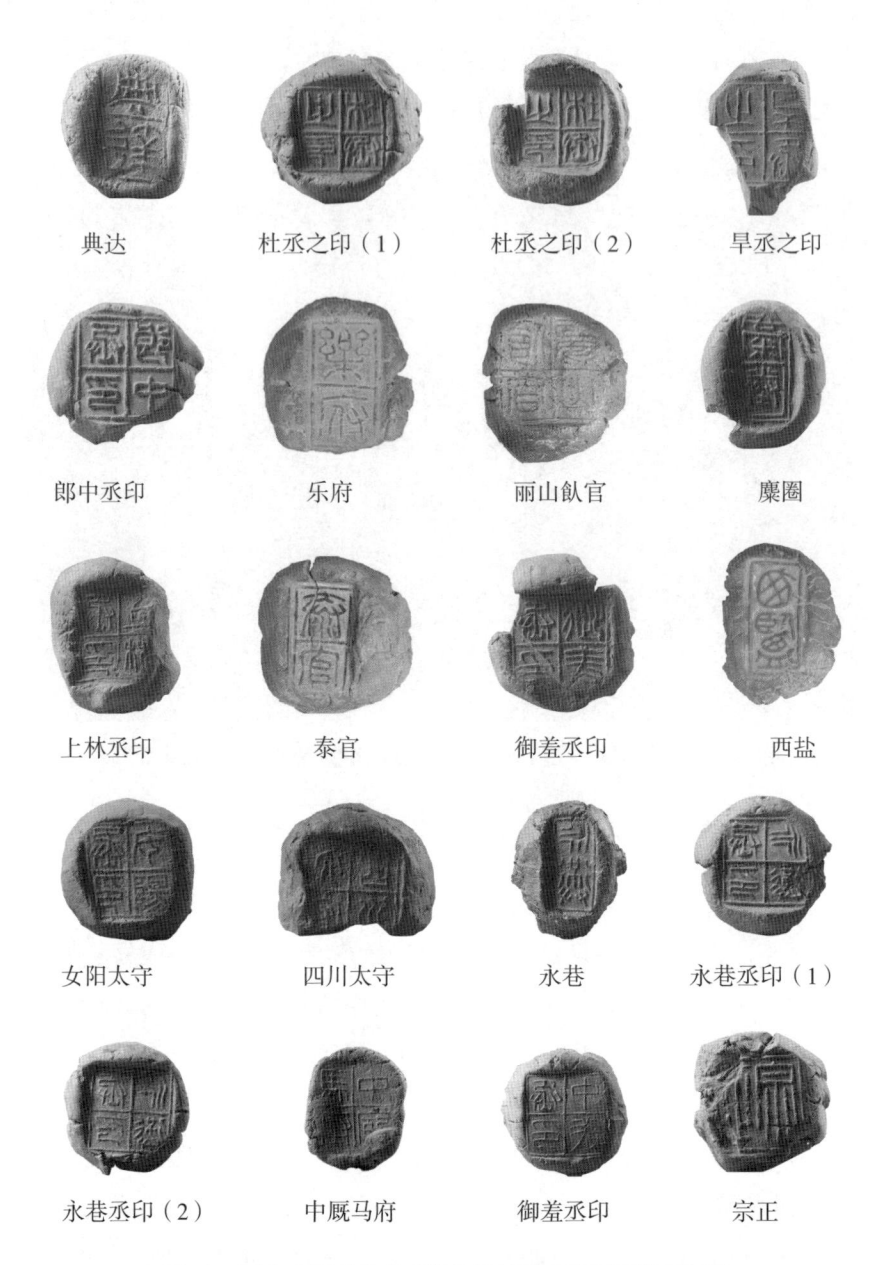

典达　　杜丞之印（1）　　杜丞之印（2）　　旱丞之印

郎中丞印　　乐府　　丽山飤官　　麋圈

上林丞印　　泰官　　御羞丞印　　西盐

女阳太守　　四川太守　　永巷　　永巷丞印（1）

永巷丞印（2）　　中厩马府　　御羞丞印　　宗正

图 90　西安中国书法艺术博物馆馆藏大秦封泥精品展示

安长安）、安台丞印（西安长安）、上林丞印（西安长安）、宜春禁丞（西安长安）、杜南苑丞（西安长安）、戏丞之印（西安临潼）、丽山飤官（西安临潼）、芷阳丞印（西安临潼）、高陵丞印（西安高陵）、栎阳右工室丞（西安阎良）、章台（西安未央）、南宫郎中（西安未央）、北宫工丞（西安未央）、蓝田丞印（西安蓝田）、鼎湖苑丞（西安蓝田）、咸阳丞印（咸阳秦都）、云阳丞印（咸阳泾阳）、漆丞之印（咸阳彬县）、好畤之印（咸阳乾县）、氂丞之印（杨陵武功）、美阳丞印（杨陵武功）、雍丞之印（宝鸡凤翔）、废丘丞印（西咸新区沣西新城）、商丞之印（商州丹凤）、华阳丞印（商洛洛南）、翟道丞印（延安黄陵）、略阳丞印（汉中略阳）、南郑丞印（汉中南郑）、旱丞之印（汉中南郑）。

第九章　秦封泥文化传承与展望

一、秦汉印吧认知性体验互动

秦封泥文化是秦文化的重要组成部分，2014年5月西安中国书法艺术博物馆推出"秦汉印吧"开展互动体验，让观众近距离接触秦封泥之美。从2015年6月开始，博物馆聘请具有书法篆刻特长的何全喜先生，为来自全国各地的游客讲述秦封泥的历史。下边摘录2007年1至12月的留言选录，和读者共享秦封泥文化带来的快乐。

图91　西安中国书法艺术博物馆秦汉印吧秦封泥知识传播和封泥体验登记表

图 92 观众在秦汉印吧欣赏封泥封书示范

图 93 何全喜先生正在向嘉宾介绍秦封泥知识并进行封缄示范

（1）1月1日河南洛阳黄河科技学院张伟阳："第一次倾听老人家的讲解，让我们对秦封泥有了更为深入地了解，与自身对文物参观相比这样的方式更为直观。"

（2）1月2日四川成都师范大学刘思瑶："讲解让我了解到秦朝历史，提升了我对历史的兴趣。秦封泥非常漂亮，讲解非常棒！"

（3）1月3日陕西西安铁路第五小学李奕萱："第一次听到秦代封泥的故事，听完后明白了，我们要把古代文物的宣传发扬光大。"

（4）1月3日辽宁省大连市王来喜："何老师绘声绘色地讲解秦封泥的知识，讲得非常专业，非常感谢。"

（5）1月7日河北理工大学袁占磊："中国秦封泥距今2000多年，是没有纸张之前的保密实物，非常有价值！"

（6）1月12日贵州塔里木大学陶飞翔："秦封泥让我了解了中国古代的官位制度，中国古代文化博大精深，我们应该多学习多了解，并发扬光大！"

（7）1月24日西安海蓝城小学张若溪："我明白了，秦封泥就是现在的密码！"

（8）2月3日天津鞍山道小学杜欣阳："秦封泥是古人的智慧。何老师讲得很深奥，让我知道了古人如何传递信件，让我对文物历史有了更深的了解和体验。"

（9）2月3日湖南理工学院甘志鹏："观赏秦封泥感受颇深，了解了古人的智慧，了解了篆刻的前身，感受到了它的魅力。希望这些封泥可以更好地保存下来，为书法爱好者提供更好的资源。"

（10）2月5日新疆乌鲁木齐尹传明："老师绘声绘色的讲解，让我们对秦封泥有了系统、深刻地认识。感谢西安中国书法艺术博物馆对珍贵文物的展出。"

（11）2月5日上海市法三小学安真浩："今天听了何爷爷讲述秦始皇阅读文书时开启的封泥，知道了封泥是怎样做成的，体会到中华历史的博大精深。"

（12）2月9日陕西咸阳实验小学邵可心："何爷爷给我讲了秦封泥的用处，让我感到十分的神奇。"

（13）2月27日吉林省白城市白山印社社员杨永强："最早知道

书法博物馆是在南城门,也知道傅嘉仪先生研究封印。今日再次来到书法新馆,看见庞馆长先生的封泥印章,受益颇多,愿书法博物馆明日更辉煌。"

(14) 3月4日河北省石家庄市贾利浩:"秦封泥文化展现了我国古代传递文书的保密工作和古时宫中刻书的严谨作风,作为初识者,受益匪浅。"

(15) 4月2日陕西省咸阳市乾县孙养辉:"秦封泥,现代封条的鼻祖!"

(16) 4月3日陕西省宝鸡市高新第一中学冯宇彤:"听了秦封泥介绍后,对我国古代文明有了更深地了解。"

(17) 4月13日陕西省宝鸡市陈仓园初级中学苗雯霓:"看了秦朝的陶封泥,对古人的智慧感到惊叹,它的作用:一是可以保密;二是可以保证食品不被下毒。"

(18) 5月20日陕西省咸阳市海联小学胡博宇:"我觉得秦封泥既是古代人的智慧结晶,也是现代人的骄傲,更是中国人的骄傲!"

(19) 5月27日陕西西安建筑科技大学华清学院袁源:"老爷爷的讲解让我对秦封泥有了了解。"

(20) 5月27日美国佛罗里达大学人类学系施传刚:"西安中国书法艺术博物馆是一个传统文化教育的重要基地,何全喜先生主持的秦封泥体验节目,尤其是参观者能有机会以体验的方式,来理解秦代文书交流方式和文字等方面的知识,希望类似的活动能在更广范围内开展开。"

(21) 5月27日安徽蚌埠第五中学张恒:"这次参观领略到了精美的文物——秦封泥,以及当时人们高超的技艺。"

(22) 6月29日湖北武汉轻工大学张鸿宇:"从观看到亲自体验,我感到了中国文化的深远、博大;尤其是秦封泥彰显秦篆之美,使我对学习治印有很大帮助。"

(23) 7月3日湖北黄冈中学柯翔益:"秦封泥是一种文化遗产,

是一种历史，我希望有更多人爱护它、保护它。"

（24）7月28日河南万心怡："在聆听秦封泥知识之前，我一直以为它是个印章，用时可以加墨印上去，谁知原来是用来封竹简的，以后我一定多了解古代文化。"

（25）8月11日安徽邵套小学邵广傲："封泥是秦朝老祖宗想到的封书的好办法，秦始皇一天要看好多奏折呢！"

（26）8月13日山东济南董书怡："秦朝人脑洞好大！虽然科技不发达，但人们非常智慧，赞！"

（27）11月13日宁夏宁东一小王莹莹："封泥为了保密，体现了古人的聪明智慧。"

（28）11月18日陕西省西安小学刘哲旭："纸发明以前人们都用什么介质来书写的呢？对，是竹简。若不想让别人偷看，就用印封封好。如果你把皇上的竹简偷看，你可能就见不到明天的太阳了！"

（29）11月18日陕西省西安小学逯宇萱："古人曰：'书犹药也，善读之可以医愚。'一提到书，大家一定会先想到纸，可是，四大发明之一——造纸术是公元前105年才发明的。没有纸如何写字呢？聪明的古人们想到了用竹简。那在古代如果要传信，被偷看了咋办？有的信要从各郡县传到都城咸阳呢？长途要经过好多人之手。于是，就有了封泥。先把泥揉成一个团，再用麻绳把竹简捆绑起来，在绳结处压上泥团，最后盖上印章。在秦代如果信被偷看了，有可能还是一个重要信件，传出去了说不定要危害国家，就要被砍头。"

（30）12月10日陕西省西安新知小学余睿涵："我过去不认识封泥，今天听了老爷爷讲解，明白了它是封文件的，能保密，古人真厉害！"

（31）11月15日本渡部宏美西安外国语学院留学生："谢谢秦封泥！让我今天学到了很多中国历史。"

（32）11月18日内蒙古呼和浩特市乔欣："参观书法博物馆的秦封泥，让我了解了中国文化的博大精深。"

（33）12月22日河北省衡水市张仁宏："封泥艺术展示秦代文化成就，书法新馆再现谦石红柳精神。"

二、篆隶合璧邀请展持续推进

2016年4月26日，西安中国书法艺术博物馆与湖南里耶秦简博物馆共同策划在古都西安举办"篆隶合璧——迁陵秦简牍与咸阳秦封泥汇展"学术研讨会。在开幕式上笔者作为总策划人以《秦代封泥简牍相逢古都长安》为题作了发言，全文如下：

> 秦封泥和秦简牍，是秦代文书封缄制度的结晶，是大秦文明历史记忆的载体，2200多年前她们同为一家，是书同文字的印证。秦封泥再现了秦都咸阳"三公九卿"官署官员的格局，秦简牍记录了楚地迁陵县人文地理；秦封泥是秦代篆书艺术的再创造，秦简牍是秦代隶书风采的再彰显。
>
> 秦时文书上报官员把简牍用绳结捆扎，泥封钤印，为的是"以检奸萌"；秦人在简牍上用毛笔书写记录，省篆为隶，为的是简洁方便。秦封泥的主人是右丞相印、廷尉、宗正、少府、西盐；秦简牍的书写者有敬手、欣手、壬手、壮手、顾手。前者是中央到地方的各级职官，后者是楚地迁陵县的书法高手。2200多年后，它们先后在陕西汉长安城遗址和湖南湘西里耶古城遗址面世，成为中国20世纪末和21世纪初秦文化发展史上，与秦兵马俑齐名的三大发现！
>
> 陕西关中，只因半干半湿的泥土，没有让秦简牍奇迹复出；湖南楚地，只缘泥土过湿发现的秦封泥十分罕见。丙申阳春，西安中国书法艺术博物馆与湖南里耶秦简博物馆并肩携手，不远万里，让宝物"联姻"，让文物"对话"。我们完全有理由说，这是一次真正意义上的两地文明之旅，其碰撞的火

花将在今天的研讨会上绽放。我们将翘首以待。

展览开幕式后，举行了别开生面的学术研讨会。先后有邱宗康、陈建贡、朱中原、王辉、刘绍刚、杨锁强、周晓陆、薛军、刘天琪、王伟、岳钰、刘瑞等14位专家教授发言。西安交通大学书法研究生杨帆、王培圆在导师杨锁强指导下，撰写了《迁陵简牍古厚在，秦地封泥吟大风——篆隶合璧迁陵秦简牍与咸阳秦封泥学术研讨会综述》，并分别在《西安晚报》《中国书法》发表。现全文摘录如下：

  由西安中国书法艺术博物馆、湖南省里耶古城秦简博物馆和西安交通大学书法艺术研究所共同策划主办的"篆隶合璧——迁陵秦简牍与咸阳秦封泥汇展学术研讨会"于2016年4月26日上午在大明宫国家遗址公园西安中国书法艺术博物馆举行。中国书法家协会理事，陕西省书法家协会常务副主席陈建贡和中国社会科学院考古研究所研究员、阿房宫与上林苑

图94　两馆馆长互相交换秦封泥和秦简牍文化衍生品

御羞丞印　　　　阳陵禁丞　　　　郎中丞印

图95　篆隶合璧——咸阳秦封泥和迁陵秦简牍展览封泥

考古队队长刘瑞联合主持这次会议。书法界、考古界和高校共60余位学者及研究生参会。著名考古学家石兴邦、湖南龙山县人民政府副县长杜德文全程参加了学术研讨会。学术研讨会共有14位专家教授从书法艺术层面、考古层面和古文字学层面对里耶秦简和秦封泥进行了深入的学术探讨。书法界的专家学者探讨了里耶秦简与秦封泥对当今书法创作的意义，讲述了篆隶书体的演变过程，确立了里耶秦简的书法史地位。

中国书法家协会六届理事、陕西省书协常务副主席邱宗康：里耶秦简打破了我们以前对于简书很多习惯性的认识，其笔法、结构、体势、趣味对写简帛、篆书与隶书的朋友启迪很大。篆隶的高古气象和它的沉厚力量是每一个艺术从业者都该汲取的营养。书法学习应该有从篆隶开始的思路。书写篆隶不能固守一家，要旁征博引、广采博获。

图96　篆隶合璧
（咸阳秦封泥和迁陵秦简牍展览简牍）

第九章　秦封泥文化传承与展望

145

图97 篆隶合璧——迁陵秦简牍与咸阳秦封泥汇展学术研讨会合影

中国书法家协会理事、陕西省书法家协会常务副主席陈建贡：简牍帛书对古今关于汉字形体演变顺序结论是一个具有颠覆性地拨谬反正的重大成果，让书法艺术的研究者再也不必透过碑石的刀锋寻笔锋，就可以近距离的追寻古朴稚拙、天真烂漫、自由自然、妙趣横生的古人技法和神韵，也给今日书法艺术创作中推陈出新追求个人风格的书法爱好者提供了最佳的，可供借鉴的形象资料。

《中国书法》编辑部主任、书法理论家朱中原：秦文化代表了中国早期文化史的发展高峰，它奠定了中国封建王朝在各个方面的文化雏形，以秦简牍、刻石、封泥等为代表的秦代书法是秦文化的重要特征，是对先秦古文字体系进行整理与变革的文化结晶。秦简牍的烂漫开张与秦封泥的古拙厚重代表了秦代篆隶书的双璧。这次展览和学术研讨会是依据考古出土资料对秦代书法史的一次重新整理，对于研究和重新审视秦文化和秦代书法，有着重要的助推作用。

中国书法家协会理事、北京师范大学艺术与传媒学院书法系倪文东教授认为：秦人喜欢写篆隶，这与地域、文化源流有很大关系。写隶必写篆，写篆必写隶，篆隶相延相息。里耶秦简的墨迹让人们见识到了秦人写字的真实状态。书写回归传统就要取法秦汉，篆隶合璧，意与古会。

中国文化遗产研究院研究员、中国书法家协会培训中心教授刘绍刚： 由于语言在保持文化传承方面具有局限性，秦文字保持了国家统一的基础和延续。秦文字废除了六国文字与秦文字不合的部分。统一文字主要指的是统一用字。我们从里耶秦简可看到那时的篆书草率的写法里面酝酿出隶书的笔意，但篆隶还没有完全分离。秦封泥反映了秦代正体字的书写形式，秦简反映了秦代手写体的书写形式，并在秦简中有隶书笔意的出现，让我们对篆隶之间的演变有更清晰直观的认识。

西安交通大学书法艺术研究所所长、中国书法系教授杨锁强： 里耶秦简是秦朝文化对六国文化吸收、消化与融合的见证。里耶秦简是私学——以儒家为主的诸子学说在民间流行的结晶，使得其文化皈依具有多元性和多种文化相互融合的特征。且政治上的高压与禁锢为隶书书写者的精神释放提供了出口；里耶秦简是自然书法观、比德书法观及其由自由书法观向比德书法观转化的产物；其智慧地借鉴了篆书的部分审美并有机融合，开创了高古清厚、消散恣肆等审美的先河；其技法亦部分借鉴了篆书，采用了节奏的强化、节奏的弱化的方式来彰显个性。笔法丰富与笔法简单亦形成两极，把各自所表现的审美推向了极致。且结字变化多端，章法异彩纷呈。篆隶的技法熔于一炉，树立了篆隶书融通的光辉典范；里耶秦简开拓了竹简作为隶书的三维载体的艺术形式，是中国书法"隶变"的重要见证，亦为后代书法古法的学习与篆隶融通提供了可资借鉴的范式与经验。

中国艺术与考古研究所所长、西安美术学院博士生导师周晓陆教授： 秦封泥文字是秦篆的标准之一。秦封泥文字是摹印篆具体而典型的体现，是中国印章汉缪篆、隋唐盘条篆、宋明后期缪篆发展的必要基础。秦玺印与封泥，基本上全面地承担了对战国玺印的总结,并向汉代玺印、泥封转移过渡的任务。秦封泥与汉封泥,前后相续地造成了中国古代玺印文化与玺印艺术数量与统一风格的高峰。

陕西省国际书法交流协会副会长、西安市书法家协会学术委员会主任薛军:不受官方文字严格限制的封泥文字因地域、个性、审美的差异表现出风格迥异,异彩纷呈之美。秦封泥相对于秦刻石由于地域、个性等诸多因素其风格变化则更为丰富多样,抑或对汉隶的发展起着潜移默化的重要作用。

西安工业大学艺术与传媒学院副教授、美术学博士刘天琪:以往对于里耶秦简的研究主要围绕文化而展开,里耶秦简与秦封泥在当代的书法研究中属于比较薄弱的环节。许多高校对里耶秦简的学习与取法不够仍需反思。里耶秦简和秦文字究竟有怎样密切的关系,它是从楚文字基础上发展而来,还是因为受到秦始皇统一文字时官方的打压而形成等问题还有待进一步考察与研究。考古学家与古文字学者对秦封泥和里耶秦简从文字演变重要史料见证的角度,以及书写材料、字体、载体等方面做了多角度的分析研究。

陕西师范大学教授、陕西省文物鉴定委员会专家组成员王辉:秦统一六国文字不仅具有行政命令层面的意义,它本身上承西周文字,但却比较保守,变化较小,艺术性被相对弱化,也较少有异体出现。秦文字在汉字演变史上起到承前启后的作用。里耶秦简记载了很多文字、词汇的变化,这也是秦统一文字的见证。秦文字和书法的关系渊源很深。书法艺术和文字学学术中间有不可断裂的关系,艺术家在创作的时候要注视文字学上的精确和严谨。

陕西师范大学文学院副教授王伟:应加强对汉代小篆和秦封泥小篆的文字结构差异这些方面的关注和对比的研究。

基层书吏使用隶书书写的官方文书，官印抑盖泥丸封缄竹简文书。在使用范围上，官方正式的严谨的文字均使用篆体，但范围有限，俗书及隶书的应用较广。在秦代正体与俗体是篆隶并存的。统一文字"罢其不与秦文合者"是核心，其实质是废除战国时期六国文字结构中与秦式写法不同的异体字。"书同文"是一个渐进的过程。

西北大学宗教造型艺术研究所所长、西北大学丝绸之路研究院首席艺术家岳钰：秦封泥是秦代行政管理的一种方法。秦文字从早期的绘画图形中简略升华为便于记录的书写形式并且逐步规范出了偏旁部首，形音文字基本定形，为其后面书体的形成奠定了坚实的基础。其文字的组合方法、形式、品位、韵律已相当的完整和成熟。今天书法家的传统书写形式，实际上是对传统已有形式的再创造。

中国社会科学院考古研究所研究员、阿房宫与上林苑考古队队长刘瑞：随着相家巷巨量秦封泥的发现、公布和研究的陆续展开，对秦汉职官、地理演变的分析在过去的20年间取得突破性进展。秦封泥的发现地恰好是秦帝国首都咸阳的核心地点，因此我们就要以全新的态度来理解秦统一后的国家治理与地域融合。我们第一次清晰地了解到，司马迁所说的"书同文"，并不仅仅是对六国文字的统一，更是对各地同物异名称谓的统一大策。从咸阳与边城迁陵两地出土文字遗存的历史性会面不难看出当时的国家统一、文化融合，在书同文的推行上是如何的彻底。

迁陵秦简古厚在，秦地封泥吟大风。有关里耶秦简和秦封泥的研究这仅仅是一个开始。从书法艺术角度而言，里耶秦简的书写工具、隶变的特征与规律、审美学、文化学、哲学观的研究、技法体系的研究、文字演变与统一的研究等都将产生多个新的研究课题。开发与利用里耶秦简和秦封泥的艺术资源，为当代的书法创作提供更多有价值的养料，成为摆在我们当代学人面前重要的研究方向。

三、模拟秦封泥篆刻活动的传承

秦封泥来源于秦印，是长安历史文化的经典。由于自幼对《长安书法篆刻研究》的痴迷，这些带有文字的"泥坨坨"，很快就引起笔者的关注。20多年来，笔者在做好理论探究的同时，大胆地进行了借鉴和创作实践。

笔者模拟秦封泥进行篆刻创作是从1996年冬开始的，经过了三个步骤：一是考释明证，反复研读印文，以增强质感；二是分门别类，仔细辨别职位，以获取动感，加深理解；三是认真遴选，精心提炼升华，以营造美感和激情，并从形式、文字、结构、边栏、意境五个方面进行探索。宗白华在《美学散步》中说："书画都通于舞，它的空间感觉也同于舞蹈与音乐所引起的力线律动的空间感觉。"[①]笔者在设计第一枚印稿威（图98-8）时，形式上吸收了一字秦封泥"顺"的意味，重点从字体线的结构上突破：横线变斜，竖线变曲，并与长方形体内框形成对比，与自然烂漫的边缘相呼应，力求"一字九笔斜，曲中生神威"的视觉效果。

对于秦封泥模式的篆刻创作，当形式感确定之后就是文字了。秦封泥文字绝大部分选用秦统一后的小篆，偶尔也发现几枚尚存大篆遗韵。如在长安印封（图98-4）等印文的塑造中，竭尽全力地去表现秦小篆体势飞动，挺拔秀健的美感，以加深对秦文字的诠释。这期间，笔者也尝试了大篆入印，并收到了满意效果。

笔者学习秦封泥，觉得平中见奇的章法是不能忽视的，且要在实践

[①] 宗白华：《美学散步》，上海人民出版社1981年版，第140页。

中逐步领悟。如在设计西安（图98-2）印稿时，笔者采用了"日"字格上下结构，定稿时去掉了"日"字界格，直接与形似西安城墙的边框（左上右下残破）融为一体，一个文化积淀深厚的西安，一个发展开放的西安，便展现在人们面前。

秦封泥的边栏，具有特殊的意义和潜藏于内、表现于外的美。这种美，是自然的造化，而不是人为地制造。其古朴、苍拙、浑厚的风格，是笔者在边栏处理中极力追求的目标。值得关注的是，在大量的秦封泥中，有的像一首诗，有的简直就是一幅美丽的风景画，其艺术境界，正像宗白华所言："是自然的重现，是提高了的自然。"笔者在构思闭门思过（图98-9）印时，主要表现虚实迷离的效果，并规规矩矩用了"田"字格。刻成后，自感貌古神奇，意趣盎然。学习传统要先进后出，反对食古不化，并在吸收中有所创意。

己丑年三月，陕西省书协启动了第四届篆刻艺术展，笔者不由自主地想到了封泥印的制作。于是笔者从即将出版的《华清池印谱》中选取了20余枚具有代表性的"阴文"印章，来到秦兵马俑博物馆附近的秦王文物复制厂，利用制作秦俑的骊山泥，经过反复的丸制之后，在书写有"兰亭序"全文的竹简绳结上，首先盖上"任隆之玺"，感受了"封缄"和"以检奸盟"的内涵和意义。接着，又根据印面大小，选取了大小不同的泥丸，一次性地完成了龙墙（图100-7）、神女汤泉（图100-8）、荷花阁（图100-9）、望河亭（图100-10）、开阳门（图100-11）、尚食汤（图100-12）等20多枚封泥的制作，当一枚枚凸起的篆书封泥文字清晰地展现在笔者面前时，那份喜悦的心情是无法用语言表达的。

制作封泥的过程很有意义。韩平哲厂长专门安排笔者在他烧制兵马俑的锅炉前进行封泥烘焙。回到家里，笔者小心翼翼地将自己制作的封泥放在书案上，连夜进行了打拓。挺劲的线条，虚实弥离的印面，大气磅礴的边框，浑朴天真的意境，让笔者欣喜若狂。再将封泥墨拓粘贴在红色印模下边时，强烈的对比反差，两种不同的视觉效果，真正体现了印章艺术的再创造。诸如华清池、骊山温泉、悠悠六千年、星辰汤、灵泉观、九天龙气等，这些封泥所彰显的文字造型和边栏上的变化，使有限的空间变成妙趣横生的天地，这不能不说是对原印章艺术表现力的补充和升华。

如果说封泥制作追求的是残缺美的话，那么封泥墨拓则是感悟意境美、享受意境美。借古生新，出奇显异，是当代篆刻艺术美学追求的最大特征，特别作为方寸之地的印章，犹如一个心灵的小宇宙，吸山水清气，纳江海百川，展示给人们的是智慧，是思想，是情趣，更是一个人生命心迹的真实映照。笔者的体会性文章《拟秦封泥篆刻初探》一文，于2002年在《中国书画报》第52期发表后，引起篆刻界朋友的关注，认为这是一条特有的、新颖的路子。

"艺术是精神和物质的奋斗，艺术是精神的生命贯注到物质界中，使无生命的表现生命，无精神的表现精神。艺术是自然的重现，是提高的自然。"[1]综上所述，从秦官印到秦封泥，将中国古代篆刻之美推向了极致。秦官印的艺术形式，枚枚差不多一个样，而转化为秦封泥之后，枚枚却都不一样。封泥印制作的实践，更是一个印人终生最大的快乐和收获。因此可以自豪地说，汉长安遗址出土秦封泥中蕴含的美学思想，是我们今天构建中国陶艺美学理论的基石之一，其巨大的作用和影响将为越来越更多的文化艺术界同仁所认识，并吸引我们踏着古印的痕迹，超越古印的境界，向当代印艺创新大步迈进，为人民大众创造出更多更好更新的篆刻佳作来。

---

[1] 宗白华：《艺境》，北京大学出版社2006年版，第24页。

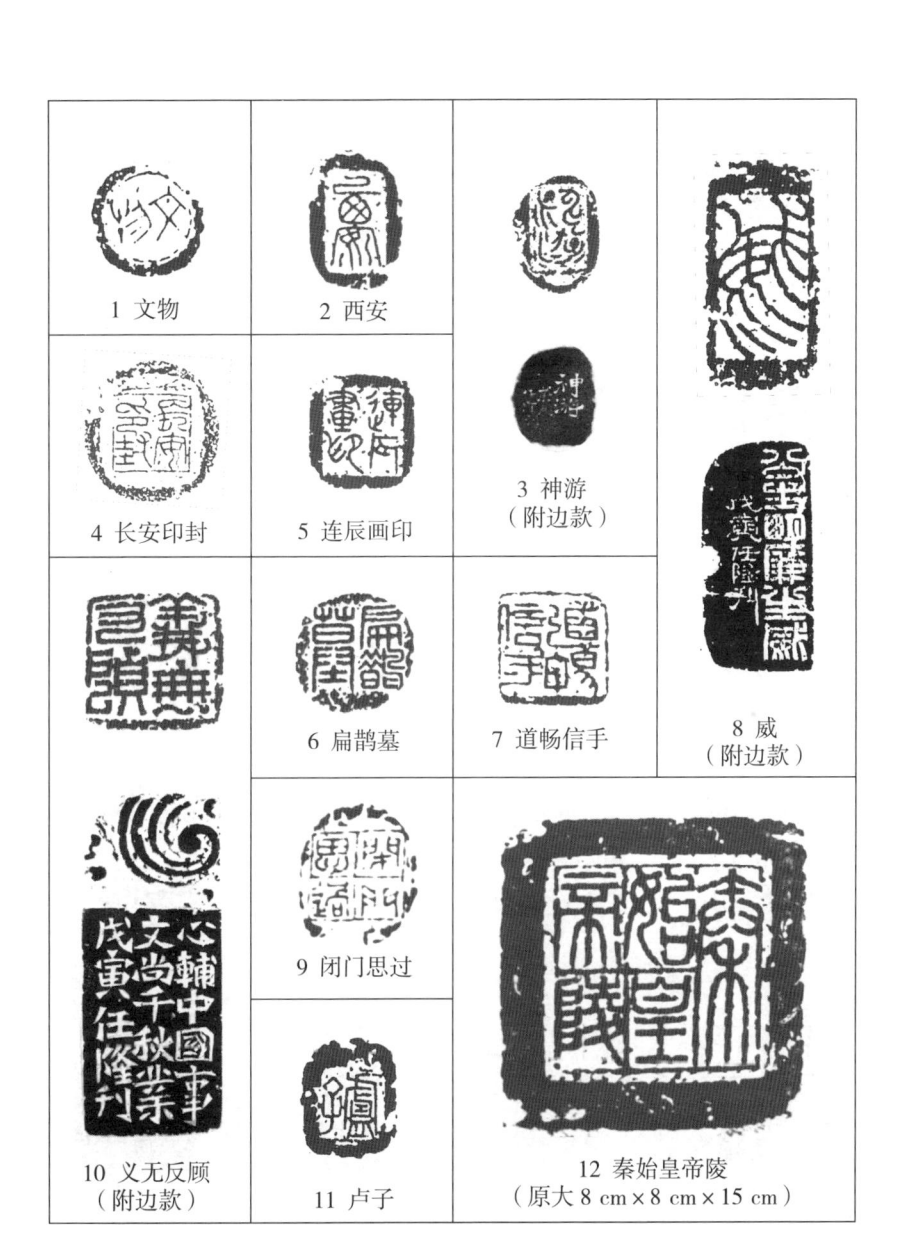

1 文物	2 西安	3 神游 （附边款）	8 威 （附边款）
4 长安印封	5 连辰画印		
6 扁鹊墓	7 道畅信手		
10 义无反顾 （附边款）	9 闭门思过	12 秦始皇帝陵 （原大 8 cm×8 cm×15 cm）	
	11 卢子		

图 98　庞任隆拟秦封泥篆刻作品及其款识图录

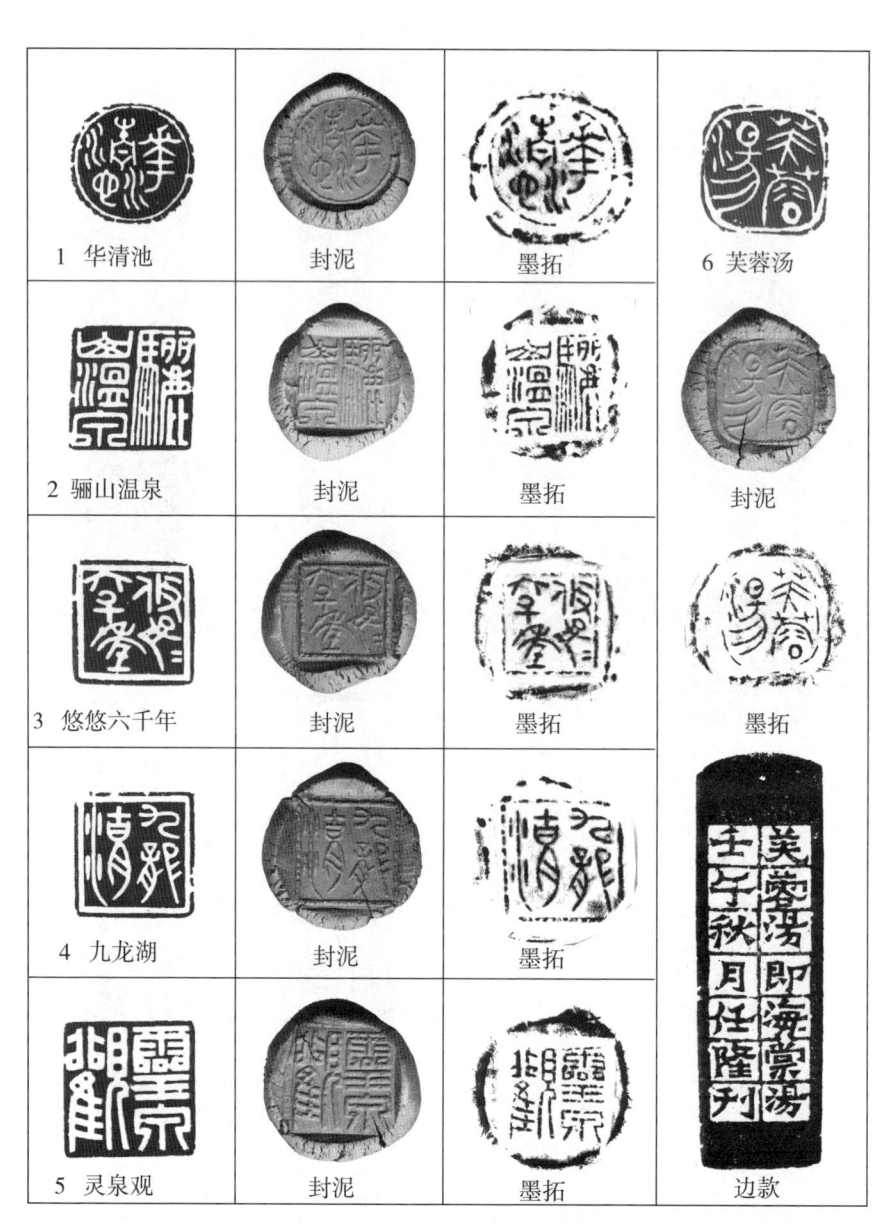

1 华清池	封泥	墨拓	6 芙蓉汤
2 骊山温泉	封泥	墨拓	封泥
3 悠悠六千年	封泥	墨拓	墨拓
4 九龙湖	封泥	墨拓	
5 灵泉观	封泥	墨拓	边款

图 99 庞任隆拟秦封泥篆刻作品及其墨拓款式选

154

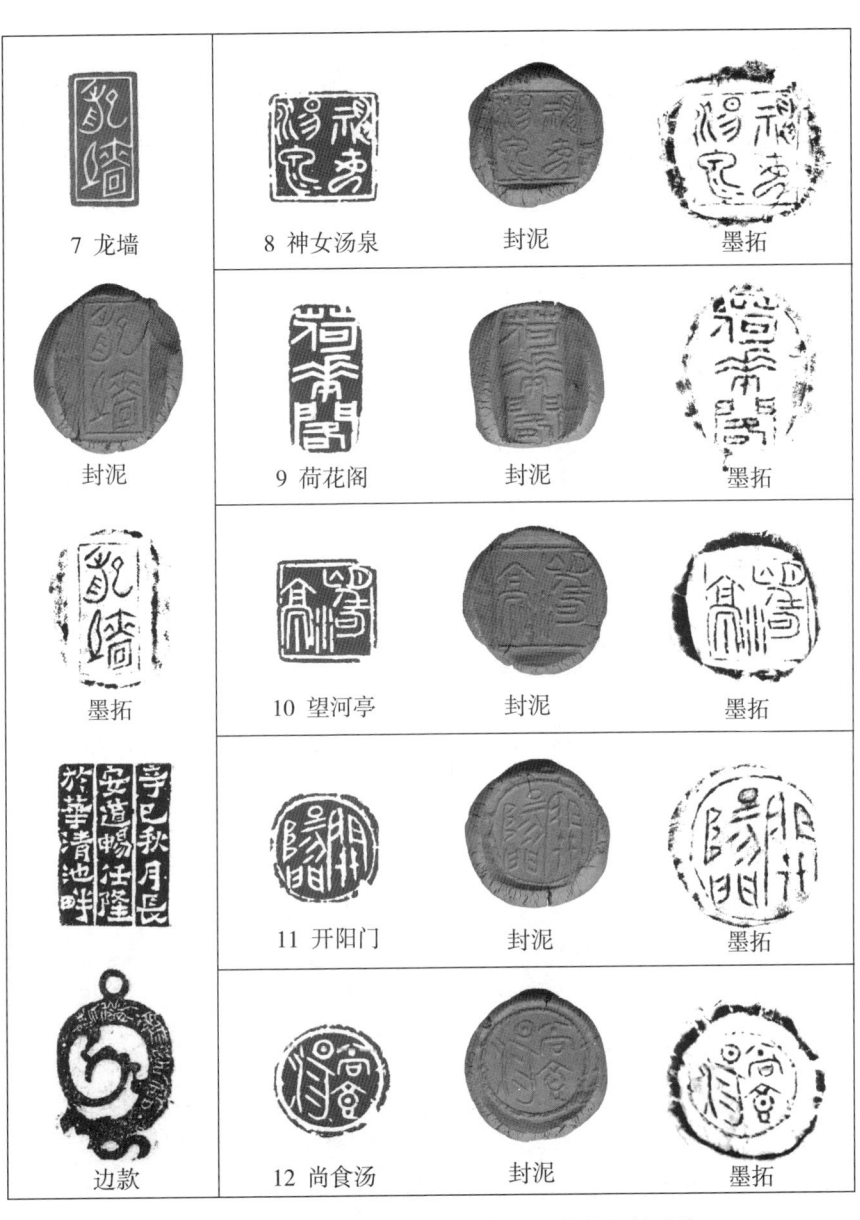

7 龙墙	8 神女汤泉	封泥	墨拓
封泥	9 荷花阁	封泥	墨拓
墨拓	10 望河亭	封泥	墨拓
	11 开阳门	封泥	墨拓
边款	12 尚食汤	封泥	墨拓

图 100 庞任隆拟秦封泥篆刻作品及其墨拓款式选

图 101　2009 年春作者在骊山秦俑复制厂用骊山泥体验封泥印及其封缄制作

第十章　秦封泥与其他学科的关系

以人类历史为研究对象的学科，称之为历史学，也叫史学。顾名思义，历史学就是研究人类过去历史的社会科学。像司马迁的《史记》，班固的《汉书》，以及之后形成的诸多典籍，都是对历代人文历史或者某一件事实的记述和总结，为后世历史研究提供了参考和借鉴。

秦封泥是一门实实在在的历史大学问。可以说，一枚秦封泥，就是一本书。诸如说秦的官制，从"三公九卿"到郡县亭里，500多个职位，1000多个官员，尽显其中。从左丞相印、右丞相印到御史之印、诏事丞印，从四川太守、上郡侯丞到左礜桃支、上林郎丞，从旱丞之印、底柱丞印到北宫之印、南宫郎丞……说秦封泥彰显的是秦代文字，秦封泥的确展现的是秦代的文字之美；说秦封泥是再现的是秦代书法，秦封泥的确记录的是秦代的小篆神韵；说秦封泥是秦代印章的重现，秦封泥的确反映的是秦代的印章模式。

秦封泥，就是一部史书，是一部取之不尽、用之不竭的历史教科书。

一、秦封泥与文书、文字学

（一）秦封泥与文书学

文书学，是一门古老而年轻的学科，开始于20世纪20年代，发展

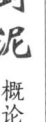

于20世纪40年代，是随着人类文明发展而产生的。包括历史文书学、文书工作发展史、文书处理学和文书现代化管理等分支学科，最大的特点是记录性和传递性。

现在不管大小单位，在办公室都设置文书岗位（或叫文员岗位），此岗位在古代即是先秦文献中的记事者（皇帝身边的记事人），谓之史官。谈文书学，先得从"文书"说起。殷商以前称"书契"［清宣统三年（1903年），罗振玉曾作《殷商书契》在《国学丛刊》发表］，周代称"官书"，秦时称"书"，汉代正式称"文书"。"文书"一词，最早出现于西汉贾谊的《新书·过秦论》其载："焚文书而酷刑法。"

秦封泥与文书学有什么关系呢？秦封泥号称"秦代文书封缄制度的结晶"，是秦代主要的文书程式之一，尽管古代有"金属封""皂囊封""火漆封"等多种封缄形式，但"印章封"最具科学性、创造性以及民族文化特色，突出体现了文书两大特点中的"传递性"，况且考虑到了传递过程中的保密、泄密后追责等各个环节，把"以检奸萌"的作用发挥到了极致，因而被延续流传了下来，以至于才有了今天我们看到的秦封泥。

所以说秦封泥不仅是中国古代最早保密法的见证，同时又是中国文书学形成初期最有活力和实用价值的创意，堪称"秦中央机关的档案库"。在这批封泥中有以藏文书、财货为主的府印，有掌文书、簿籍为主的御史之印，有协助天子，掌国法国令的"内史之印"，有掌其治令的诏事之印、诏事丞印，这是目前我国文书档案史上所见到重要的考古资料。秦中央官署上报文书者，一般是正职，亦有副职封缄的，或者是正、副职同时封缄，三者并存；秦郡县上报文书一般由副职——"丞"封缄。因此说，以秦封泥为代表的秦代文书程式，成就了秦封泥的辉煌。

府 印　　　　　御史之印

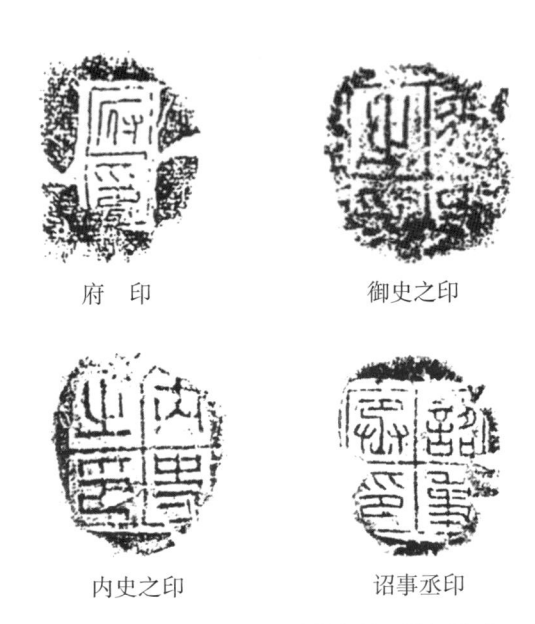

内史之印　　　诏事丞印

图 102　代表秦中央机关的秦封泥墨拓模式

（二）秦封泥与文字学

丰富多彩的中国汉字，历代发现和出土的古文字，诸如秦简牍文字、秦封泥文字、秦刻石文字和秦诏版文字等，对中国文字学的形成和发展过程起到了很大的促进作用。

文字学，是以文字为研究对象的一门学科，又称古学，后世称为小学，是语言学的分支学科，主要研究文字的性质、结构、形、音、义的关系以及正字法和文字的起源、演变等。古文字学是研究古代文字的产生、发展、演变等规律及其释义诠注的一门科学。包括对于古代书写方式（包括碑铭文）的研究，对古代作品的辨认和鉴定等。在中国，对古文字的研究开始得很早，但是，长期以来是包含在作为"小学"一部分的传统文字学和以古铜器、碑刻等为主要研究对象的金石学里的，一直到 20 世纪才有"古文字学"的名称。

最早有关文字学的专著是刘大白著的《文字学概论》（开明书店出版 1934 年版），主要讲述了文字的性质、效用、起源、构成、演变、形态及声韵等，并通过解题、文字的性质和效用、文字的三要素、文字的起源、文字的构成、文字发生和演变的次第、文字的形态以及文字的声韵等8部分，再现了文字学的特点和意义。

而后又有裘锡圭著的《文字学概要》（商务印书馆1988年版），该书是作者多年教学和研究的结晶。他从汉语实际出发，突破文字学的传统研究方法、范围，全面、系统而独创地阐述了文字学理论、方法与实践，尤其是在文字形成过程与汉字形成演变、文字结构理论及汉字形音义之间的复杂关系等方面，分析了传统"六书"说的不足，提出了新的分类理论与范畴，具有重大理论价值。同时，本书重视历代俗字、俗体的研究，并联系汉字整理与简化工作，提出有实践意义的见解。该书出版后，在国内外语言学界受到普遍赞誉。

在论述秦篆与李斯关系方面，鲁迅先生曾说："斯虽出荀卿之门，而不师儒家之道，治尚严急，然于文字，则有殊勋。六国之时，文字异形，斯乃立意，罢其不与秦文合者，画一书体，作《仓颉》七章，与古文颇不同，后称秦篆……"①

秦封泥文字，是中国汉字从远古刻画符号，到殷商甲骨文、西周青铜器铭文（也称"大篆"或"籀文"），再到战国先秦石鼓文，最后到秦始皇统一文字形成的秦小篆文字的官方代表性文字。其因有三点：一是秦封泥文字来源于秦官印文字；二是秦官印文字是经过官方正式认定后，通过铸刻颁布使用的；三是秦封泥集中出土于秦时皇宫，是秦始皇办公的地方，其可信度、准确性和说服力，远比秦时其他文字更具价值和发展前景。

如果以语言分支的文字学和形成不久的古文字学，把新出土的秦封泥文字作为研究的对象和重点，当是时代的需要，是一个全新的课题。尤其是大中小学结合实际教学带领同学们到博物馆参观学习鉴赏，倡导进一步的释读和书写，必将对中华文字文明的传播，增加民族自信心和自豪感，产生积极的意义。

---

① 鲁迅：《汉文学史纲要》，人民文学出版社1973年版，第29页。

目前西安中国书法艺术博物馆，开辟有专门的"秦封泥特展"区，是现场教学和观赏体验的最佳去处，在这里可以找到中华文字的根和魂。秦封泥文字堪称秦统一文字的"记录仪"。秦统一文字是秦始皇大一统的重要内容，是记录中华大秦文明的重要载体。除已知的秦陶文、秦诏版、秦量器、秦砖瓦、秦刻石和秦简牍上的文字外，目前体现文字最多、最规范、最系统、最有影响力的，就是秦封泥了。

据笔者不完全统计，在已公布的封泥资料中，就有1000多个单字，如正、泰、宗、少、室、府、尉、西、左、右等，最多的是"丞"和"印"。不管从结体、形态和线条上，秦封泥都把秦时全国统一的文字之美、程序之美，再现得淋漓尽致，并且开启了文字艺术的曙光。为了便于记忆和赏读，2019年上半年笔者在学习过程中，把秦封泥中最常见的168个字提炼成顺口溜，名为《秦封泥文字选集》：

左右丞相印郎中，
少府泰医尉宗正。
都水卫士田永巷，
小厩章车司马宫。
郡邸尚寺船诏事，
属邦佐弋南行空。
华阳北台廷苑雒，
浴杜高宦吴云梦。
西盐浮干家羞阴，
御弄居将采金青。
走翟臣济具园特，
上咸武库代铁兵。
四川太守东亭造，
下邦邯郸乐芷陵。
丽山饲官林匠道，

美原废丘禁辇丰。
怀德薛般洛典达，
泾祝蒲反内者雎。
卢谒麇圈顺驺安，
旱磬桃支共邑郑。
新颖阆商婴方福，
密弩煦衍阿游虹。
彭城夷舆徐无蔡，
好畤长蕃任平容。

二、秦封泥与书法、篆刻学

（一）秦封泥与书法学

书法学的起源、称谓和中国文字的产生、演变及发展是分不开的。秦封泥文字的出现，为中国书法学锦上添花。

商朝的甲骨文，周代的金文，实际是青铜器铭文，或称籀文，也叫"大篆"，《史颂鼎》《毛公鼎》《散氏盘》等是当为代表。秦统一后的小篆，是在金文和石鼓文的基础上删繁就简演化而来，李斯功不可没，同时代出现的隶书大部分再现于秦简木牍之上。西汉时完成了篆书到隶书的蜕变，东汉时达到顶峰；汉代同时出现的草书，是汉代书法的标志，到了东汉草隶进一步发展，形成了章草，后由张芝创立了今草（即草书）。三国时隶书衰退，楷书萌芽；两晋时行书盛行，王羲之的《兰亭序》堪称第一。南北朝碑刻兴盛，《郑文公碑》《张猛龙碑》《嵩山灵庙碑》等最优；汉代隶书向唐代楷书过渡，隋朝正式完成楷书的形成。到了唐朝虽楷书、行书和草书并行，但成就最大的当属楷书，以颜真卿和柳公权是为旗帜，其作品《颜勤礼碑》《多宝塔碑》《玄秘塔碑》和《神策军碑》，对后代产生了深远影响。

源远流长的中国文字和形式多样的字体，为书法学的创立奠定了坚实的基础。到20世纪90年代初书法学科研究蓬勃发展。1992年第一部《书法学》（陈振濂主编）、1999年《书法学概论》（陈振濂著），之后相继有《书法美学通论》《中国书法批评史》等专著刊行，并有各种形式的书法研讨会召开和文论集汇集再现，研究的领域也在不断地扩展和深入，成果丰硕，为中国书法的可持续发展起到了积极地指导和推动作用。2009年10月1日，中国书法和中国篆刻双双被联合国教科文组织列入人类非物质文化遗产代表作名录，中国书法堂堂正正地走向了世界，实现了中国人多年的夙愿。

　　而中国书法在现实生活中，之所以受到人们的喜爱和尊重，笔者认为最重要的是书法之美具有三重性：一是内涵的激励性，二是文字的艺术性，三是原创的珍藏性，[①]以至成为人们交往中，用于祝福、励志、贺喜、养生等方面的主要艺术形式。

　　以前我们在说小篆书法时，提到的代表作大都是当时的刻石文字，诸如《泰山刻石》《琅邪刻石》《峄山刻石》和《会稽刻石》等，现在秦封泥文字的出现，书法领域又多新成员，据笔者不完成统计，秦封泥文字中有近1000字为以前其他载体上没有的。因此在书法学方面，秦封泥文字堪称秦小篆书法的"传播器"。

泾下家马　　　下邽丞印　　　泰官丞印　　　乐府丞印

图103　秦封泥墨拓模式

[①] 庞任隆：《中国书法简史》，陕西旅游出版社2012年版，第165—167页。

正如美学家宗白华在《中国书法里的美学思想》一文说的：

> 写字在古代正确的称呼是"书"。书者如也，书的任务是如，写出来的字要"如"我们心中的对于物象的把握和理解。用抽象的点画表出"物象之本"，这也就是说物象中的"文"，就是交织在一个物象里或物象和物象的相互关系里的条理：长短、大小、疏密、朝揖、应接、向背、穿插等等的规律和结构。而这个被把握到的"文"，同时又反映着人对它们的情感反应。这种"因情生文，因文见情"的字就上升到艺术境界，具有艺术价值而成为美学的对象了。[①]

中国书法是中华民族最具特色的传统文化，从甲骨文开始，每一个字体，都有它的法则，都可形成一门学问。秦封泥文字，以其秦统一前后文字传承的真实记录，和秦统一后称为小篆书法（与秦统一前"大篆"对称）双重身份，再现了秦代文字书法的艺术之美，尽管是统一化模式，但也再现出匀称美，特别是一些细微奥秘的变化，体现出秦人的传承和创新过程中的思维和智慧。

诸如文字与边栏自然形成的虚实迷离的效果，是难能可贵的一种佳境，反复欣赏阅读，让人回味无穷。其代表作有泾下家马、乐府丞印、宫司空丞、谒者之印等，成为我们进一步了解和学习的楷范。为了让大家对秦封泥的学习和实践具有可操作性，笔者又将《秦封泥文字选集》里的字用小篆的笔法，尝试意临，两种形式，不同气象，精心拓裱，对比展示。在整整一个月的创作中，笔者极力融进中国书法艺术里的用笔、结体、章法所表现的美学思想，让愉悦的心情始终在寂静中放飞，在激动中荡漾。

[①] 宗白华：《艺境》，商务印书馆 2017 年版，第 343 页。

图 104　秦封泥文字书法作品组图

（二）秦封泥与篆刻学

篆刻学，亦称"印学"，是中国印章文化发展史上的最新成果，是专门研究篆刻艺术之技法、发展历史及各流派艺术理论的学科，是最具中国传统文化艺术的代表作。元明以后逐步发展起来的，明清两代最为兴盛，名家辈出，成果卓著。

我们今天回顾中国篆刻发展史，最早的一部篆刻学论著，当是元代篆刻家吾丘衍所著的《三十五举》，是《学古编》的第一卷，它的问世，为篆刻学著作之创始之举。明代何震编有《续学古编》，清代桂馥有《续三十五举》《再续三十五举》《重定续三十五举》，之后又有姚晏编《再续三十五举》等，一时篆刻学研究蔚然成风。

笔者初学篆刻时见到的第一册篆刻专著是邓散木著的《篆刻学》，

1979年5月由人民美术出版社出版。在不到10年间就再版了8次，几乎80年代初开始学篆刻的朋友们，手里都有一部邓散木手书小楷的《篆刻学》，其图文并茂，引人入胜。

在以后20多年的篆刻学大讨论活动中，笔者印象最深的一次，当是1997年春由中国书画报社、西泠印社、新华社天津分社和《中国篆刻》编辑部联合主办的全国首届篆刻学篆刻发展战略研讨会，征集有傅嘉仪、刘江、李刚田、韩焕峰、杨鲁安、孙慰祖、朱培尔、冯宝麟、尹海龙等当时活跃在中国印坛的篆刻家的论文50余篇。

笔者撰写的《试论中国篆刻的艺术语言》一文，同时入选研讨会论文集。文章提出了推进和提升篆刻艺术水平的八项主张：一是篆意要正确，二是墨趣要浓郁，三是刀味要突出，四是石韵要明显，五是款式要精到，六是钮饰要美观，七是情感要充沛，八是意境要深远。

图105　邓散木《篆刻学》（1979）　　图106　研讨会论文集封面（1997）

当笔者第一次见到大量的秦官印后，对于篆刻到底有多么大的学问和影响这一问题的思路、想法和前景便更加明晰。可以自豪地说，秦封泥和篆刻学的关系十分密切的。人们经常说的"印宗秦汉"，今天终于找到了源头和范本。

秦封泥对中国篆刻学的重大贡献，笔者认为主要有三点：一是秦封泥再现的是秦代的官印模式，秦代的官印又是中国篆刻学发展史上第一个高峰的代表；二是秦封泥再现的是秦代的官印的规范，秦代的官印的制度和使用程式，对汉以后各代产生深远影响；三是秦封泥再现的是秦代的官印艺术形象，填补了秦代官印出土和发现甚少的不足。因此说，我们今天对秦封泥进行可持续研究和推送，不仅是对传统印章文化的学习和继承，而且对进一步发展、丰富中国篆刻学，将产生积极的意义。

在篆刻学方面，秦封泥堪称"秦官印的精品库"。在秦封泥发现之前，秦代印章发现传世的极少，25年前我们看到的也不过百余枚。大量秦封泥的出土，尽管不是原印（是秦官印艺术的再创造），但毕竟是经过官方正式颁布的，正是由于其用途的特殊身份和以检奸萌的使命，才为我们后世留下了这极其宝贵的财富。让我们看到了秦代系列的、规整的带有"田"和"日"字格明显标志的官印；也有少数无格的，如顺在、福、宗正、祝印、章台、外乐、中谒者等，成为经典中的极品。

都船　　　　外乐　　　　典达　　　　中谒者

图107　秦代官印模式

三、秦封泥与金石、长寿学

（一）秦封泥与金石学

秦封泥与金石学有什么关系？秦封泥对丰富金石学有多大的贡献？20多年来，笔者一直在思考，如何表述更接地气、更确切。尤其在书画篆刻界，学者在评价一件作品时，经常提到金石韵味、金石气息、金石之学、金石永寿等。

而真正意义上的金石学，是考古学的前身，形成于宋代，开创者是欧阳修，其学生曾巩在《金石录》里，最早提出"金石"一词。而正式提出"金石之学"这一名称者，是王鸣盛等人，代表人物主要有李清照、赵明诚。当时研究对象是古代青铜器和石刻碑碣，目的是证经补史，特别是其上的文字铭刻及拓片，广义上还包括简牍、甲骨、玉器、砖瓦、封泥、兵符、明器等一般文物。

金石学研究，繁荣鼎盛的时期在清代，自乾隆年间《西清古鉴》问世，之后有《考古创物小记》《积古斋钟鼎彝器款识》《攈古录金文》《斋集古录》《寰宇访碑录》《金石萃编》《古泉汇》《金石索》等专著推出，可谓内容丰富，成果卓著；到了清末民初，随着研究范围不断扩大，研究水平显著提升，罗振玉和王国维即是此时的集大成者，而朱剑心的《金石学》、马衡的《中国金石学概要》，对金石学提出了较为全面的总结，让金石学在中国近现代艺术史发展上大放异彩，标志着金石学的研究步入一个新阶段。

通过950多年来对金石学研究范围的梳理和回顾，清末民初时的金石学家，虽然已涉及封泥，但大部分时代都是汉代的，也有极少部分为春秋战国的，而多数来自民间；此前秦官印、秦封泥面世的甚少，学者见到的也是寥寥无几。因此说，20世纪90年代陕西西安北郊汉长安城遗址大量秦封泥的出土，不仅是中国秦汉考古学界和印学界的一大奇迹，同时也为金石学的研究注入了生机和活力。

| 鲁丞之印 | 下邑丞印 | 中车府丞 | 阴御弄印 |

图108 秦封泥墨拓模式

（二）秦封泥与长寿学

金石学亦称金石寿。把秦封泥和长寿学以及人的长寿一起谈，这是笔者意想不到的一个课题。笔者在多年的专题研究中发现，秦封泥不仅有灵性，而且有魅力。因为秦封泥不仅是秦代的遗物，盛世的文物，更是人类重要的文化遗产。说秦封泥官印中所涉人物的年龄至今可达2200多岁，可能有好多朋友不解——把秦封泥和人的长寿联系在一起是风马牛不相及之事。因此笔者进行了深入的分析。

古有"私凭文书官凭印"之说。秦封泥不仅是秦代实实在在的泥，背后却涵藏着秦代一个个实实在在的人。每一枚秦封泥上再现的秦文字，鲜活生动，栩栩如生，他们都是秦代的官员，有左丞相、右丞相，有内史、御史，有中尉、太尉，有少府、内府……大部分都是"三公九卿"或郡县亭里的正职或副职官员，也有的称正职为"令"，副职为"丞"。秦时官员佩戴的都是的铜铸官印，证明官员的身份，原印能留到今天的屈指可数；而他们中大部分官印以 "以检奸萌""信用有我"的身份，作用于封泥，束之于简牍，为大秦的文书运送和公文保密的程序做出了贡献，意义就重大了。这不仅是它们积极履职的表现，更是它们忠于大秦的情怀所在，所以它们保存下来了！

方寸之间，气象万千。笔者忽然想起曾经一人之下、万人之上的丞相甘茂、樗里子、魏冉、芈戎、楼受、昌平君、王绾、李斯、吕不韦、隗状、冯去疾；想起了内史廖、内史肆、内史滕、内史马兴、内史蒙恬、内史保……好像他们还活着！他们曾经的戎马生涯，曾经的修行作为，曾经的凛然正气，历历在目，不断地浮想在笔者眼前。

长寿，是人类共同的期待。秦封泥存活了2000多年，在20世纪90年代又"重生复活"在人们面前，它们不仅是一个个带有文字的"泥坨坨"，更是为后人探索历史事件，还原历史样貌留下来的珍贵"密码"。到西安中国书法艺术博物馆参观"秦封泥特展"时，200多枚小小的实物展品，更像是秦俑兵阵一样的秦代文武百官雄伟庞大的列阵。

"古之善书者多寿。"自古以来，知识渊博，真才实学之士，多能流传百世，受后人景仰。有关人类长寿学的论述，从"彭祖长寿"始，已有好多方面的典籍资料和经典宏论，诸如21世纪以来就有朱金才的《彭祖养生长寿学》，魏建军、魏雷的《中医长寿学》，姜立国的《长寿学》，等等。历代也不乏好多实践者和高寿者。诸如书法家中长寿者有欧阳询（84岁）、虞世南（80岁）、贺知章（85岁）、柳公权（87岁）、宋陆游（85岁）、明代文徵明（89岁）、董其昌（81岁）乾隆（88岁）刘墉（85岁）、阮元（85岁）等，都已至"耋寿之年"。

2018年秋末，笔者启动了酝酿了10多年的《金石永寿印谱》暨中国寿文化篆刻艺术100枚作品的创意设计和创作计划。其间结合实践过程撰写的《从碑刻"金石寿"到篆刻"寿金石"创作中，探索"主题印"的内容提炼和表现形式》一文及作品（《中国篆刻》2019年第35期）愿与大家一起分享，并期望对广大读者进一步研究有所帮助：

"金石寿"，即"金石学"，是清代产生的一种研究古时文字与书法的学问，因为那些载体，多是青铜器或是石碑，故有是名。金石寿，可以简单地理解为金石能保存的时间都很长，出自"寿如金石，佳且好兮"，寓意生命如金石久长。而"寿同金石"，语出两汉曹植的《飞龙篇》，最后两句为"寿同金石，永世难老"。抒发了作者期盼人生长寿的心情。

"寿金石"是真正意义地将"寿"和"金石"连在一起。"清末海派四大家"之一的吴昌硕，曾有大篆书"金石同寿""金石乐，书画缘"传世。2008年8月笔者去杭州孤山西泠印社考察，在"金石寿"碑石前站立了许久，进而萌发了把"寿文化"的精美词语，刻在石头上的创意。

1. 对"寿金石"的内容提炼

有关"寿金石"的创意，即来源于"金石寿"，虽然是主谓语的前后移动，但实际上是强调了"寿"，再将寿文化的内容，刻在"寿山石"上，通过红彤彤的印面来展示博大精深的中国寿文化，无疑又是一种幸福和乐趣。

这是一个很有主题意义的主题性创作工程，和单个刻一个寿字大不同。单个寿字，只考虑到字形变化，而寿文化词句的选择和提炼，每枚里不仅要有"寿"字，还要延展到一句话、一个词，要么是汉语成语，要么是名言警句。字数要考虑到字形配合、内涵表达、上下区别和前后贯通等诸多方面。《尚书·洪范》："一曰寿，二曰富，三曰康宁，四曰攸好德，五曰考终命"。这就是古代人认为的"五种幸福"：一是长寿，二是富贵，三是健康平安，四是修行美德，五是长寿善终。3000多年前，战国诸子，百家争鸣，被誉为"殷末三贤"的箕子（别名：胥余），就把"寿"列为"五福之首"，足见"寿文化"在中国人心目中的地位和影响。大到一个国家，中到一个社团或组织，小到一个家庭或个人，能生存年长，能延续久远，都有其治理方略和优秀品质在传承和传播。《金石永寿印谱》，旨在系统地揭示其中的寿文化奥秘，以期对当代的人们树立正确的人生观有所启示和启迪。

《金石永寿印谱》是在从"金石寿"到"寿金石"，到"寿山石"，再到"寿文化"，三位一体的背景下开始创作的。和建造一所房屋一样，既要典雅漂亮，又要独特出新。其中百分之九十的都出自中国名著典籍中的警句，百分之十的是创作中即兴流出来的词语，如新冠肺炎疫情期间，钟南山教授的一言一行，让我情不自禁地呐喊——"劳动者长寿"一词很自然地表现出来；还有"人寿年丰"一印，果断地融入了秦封泥虚实迷离的风格，让人回味的时间更长更久。

2. 对"寿文化"的形式表达

"主题印"创作，分团体完成和一个人完成两个方面。团体完成好说，由于每位篆刻家不同的阅历和治印风格，可自然的区别开来；如果一个人完成多枚的制作，乃至百枚，的确在各方面，都是一次挑战。

《金石永寿印谱》五部分共100枚大印，为了防止雷同，笔者总体规划50枚刻阳文，50枚刻阴文。其中50枚阴文印，用制造秦兵马俑的骊山泥又制作了50枚封泥，旁边钤盖了笔者的名章，留下了手纹，传承了封泥技艺，体验了"物勒工名"的文化内涵。

同时，笔者还采取六个方面的措施：一是章料挑选方面，以寿山石为主体，偶有巴林、青田等，以改变其颜色的单一。二是文字选择方面，有甲骨、金文、小篆、汉篆，偶尔草书、魏碑，以延展笔画的组合。三是形状制造方面，有方的、圆的、异形的，尚或钱币、葫芦，以减少视角的审美疲劳。四是印纽命名方面，或意象，或形象，或想象，以四字词汇成语表现。五是风格变化方面，有古玺式、秦汉式、宋元式，以借鉴传统技艺精华。六是刀法运用方面，有冲刀、切刀、顿刀，还有侧刀、背刀、滚刀等，以丰富线条的筋道质感。

在这六条措施中，难度最大的就是"刀法"的运用和把握，表现得如何，只有靠作品说话了。刀法同样是篆刻的最高境界，这是一个篆刻家为之一生要追求的。

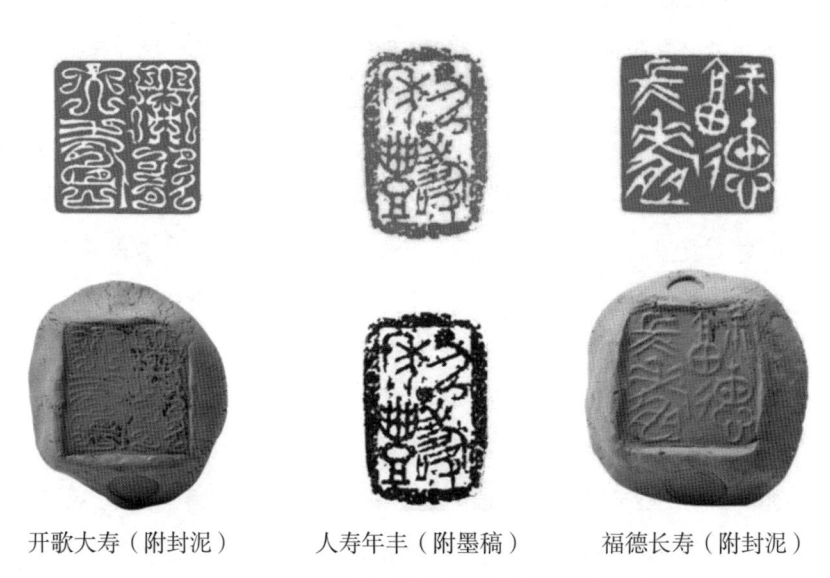

开歌大寿（附封泥）　　人寿年丰（附墨稿）　　福德长寿（附封泥）

图109　作者所刻金石寿印组图（一）

寿山福海（附墨稿、边款）　　乐易者常寿长（附封泥、边款）

图 110　作者所刻金石寿印组图（二）

第十章　秦封泥与其他学科的关系

173

第十一章　秦封泥与其他艺术形式之比较

秦文明，源远流长；秦文化，博大恢宏；秦技术，精湛深邃；秦工艺，精彩绝伦。

要说秦封泥与秦代其他艺术形式的关系，笔者认为既有传承中的联系，又有使用中的不同。通过分析比较，我们不难看出其中蕴含的气息和力量，都与秦人多年的文化积淀有关。

一、秦封泥与秦兵马俑、秦简牍

在人类历史文明发展史上，大秦文明可谓多彩多姿、缤纷灿烂，成为人们学习中华传统文化、借鉴和吸纳古代劳动人民聪明智慧的重要信息库。其代表作有三，被誉为"世界第八大奇迹"的秦兵马俑列其首，其次是秦简牍和秦封泥。

（一）秦封泥与秦兵马俑

在以秦岭绵延横贯其中的三秦大地上，秦俑、秦简牍、秦封泥被誉为秦文化发展史上的三次重大发现，其中两大发现即秦兵马俑与秦封泥都在陕西，尤其是秦俑1974年春在临潼出土，成为世界第八大奇迹，对笔者的感染力和影响力特别大。

秦封泥与秦兵马俑的相同之处表现在五个方面：一是从时代上都形

成于2200年前的大秦帝国；二是从质地上都是用秦代的泥土作成；三是从内容上再现的都是秦代的文官武官；四是从形式上都具有丰富多彩的艺术性；五是从价值上都是十分珍贵的历史文物。秦封泥与秦兵马俑共同记录了大秦帝国的文明，共同谱写了一曲大秦高歌。

秦封泥与秦兵马俑的不同之处主要体现在七个方面：

一是发现时间不同：秦兵马俑发现于20世纪70年代初期；大秦封泥发现于20世纪90年代中期，相隔近20年。

二是出土地点不同：秦兵马俑出土于被誉为华夏源脉的临潼、秦始皇帝陵东侧的西杨村，是当地农民打井时发现的；大秦封泥出土于西安北郊汉长安城遗址的相家巷村、当年秦始皇办公的地方，是当地农民在挖粪坑时发现；两大发现都是农民兄弟的功劳。

三是所用的泥土不同：秦兵马俑的制作用的泥，全是骊山脚下的骊山泥，土质细，黏性好；秦封泥用的泥，不仅来源于秦都咸阳内史郡所属各县，而且有秦代全国各地郡县的泥土，由于要封缄文书，所以要经过挑选、审批后才能使用。

四是再现的颜色不同：多彩的秦兵马俑，既有骊山泥的本色，又有人为的彩绘，如朱红、中黄、粉绿等，都是矿物质；多姿的秦封泥，五彩缤纷，是各郡县泥土的汇聚，如有青泥、黄泥、紫泥等，都是表现不同地域的泥土特征。

| 彩绘枣红脸俑 | 彩绘粉红脸俑 | 彩绘绿脸俑 |

图111　秦兵马俑头部组图

五是制作的方式不同：秦兵马俑要经过丸泥、形象塑造、雕刻、烧制等程序，是秦代雕塑史上的精粹；秦封泥仅仅经过丸制，由于所肩负的以检奸萌的特殊使命，所以使用过程是不能烧制的，是秦代文书封缄制度的结晶。

六是反映的内容不同：秦兵马俑不仅有军士俑、立射俑、跪射俑、武士俑、军吏俑、骑兵俑、驭手俑、马俑等，最高级别是将军俑，一个形象和一个形象都不一样；秦封泥不仅有"三公九卿"的官员，而且有郡县亭里的职官，如御史、奉常、郎中令、卫士、太仆、宗正、治粟内史、少府、将作少府、中尉、詹士和郡守、郡丞等，最多的是县丞，最高级别的是左丞相和右丞相，大部分都是孤品。

七是体现的价值不同：秦兵马俑兼有秦人高大形象的原真性和秦代人物雕塑艺术的原真性的双重身份，见证了大秦帝国"秦王扫六合"的雄心气魄和阵容，被誉为"世界第八大奇迹"；而秦封泥，则以具有秦代文字书法的原真性和秦代篆刻艺术的原真性的双重身份，见证了中国书法和中国篆刻在人类非物质文化遗产发展中的地位和作用，同时还原补充了秦代历史地理的诸多空白，被誉为"秦人用泥土塑就的一部美学史诗！"

秦封泥与秦兵马俑，都凝结着秦人丰富的想象和聪明的智慧，都是中国古代艺术苑地里的一朵奇葩，它们的文明感召力、艺术影响力和独有的创造精神，尤其所形成的大秦雄风，将引领时代，昭示未来，一代一代地传承下去。

右丞相印　　　夷舆丞印　　　咸阳亭丞　　　西盐

图 112　秦代封泥的官印模式

（二）秦封泥与秦简牍

在秦代，秦封泥和秦简牍，都是与秦文书封缄制度有关的重要载体，是一套完整的封缄系统，秦封泥，封的就是秦简牍。而一直到 20 世纪 70 年代以后，秦文化研究的学者们才看到了实物，才真正地认识它，了解它，利用它。

自 1974 年春陕西西安临潼西杨村农民在打井时发现秦俑之后，1975 年冬在湖北云梦县睡虎地秦墓首次发现出土了 1100 余枚秦简；1986 年，甘肃天水放马滩战国秦墓出土 460 枚秦简；1993 年，湖北荆州市沙市区关沮镇周家台秦墓出土秦简 387 枚；而数量最多、影响最大的是 2002 年 5 月，湖南省龙山里耶战国古城中清理出的 36000 余枚秦简牍，刷新了秦简数量和内容的新纪录（附图见内封彩页）。这期间，

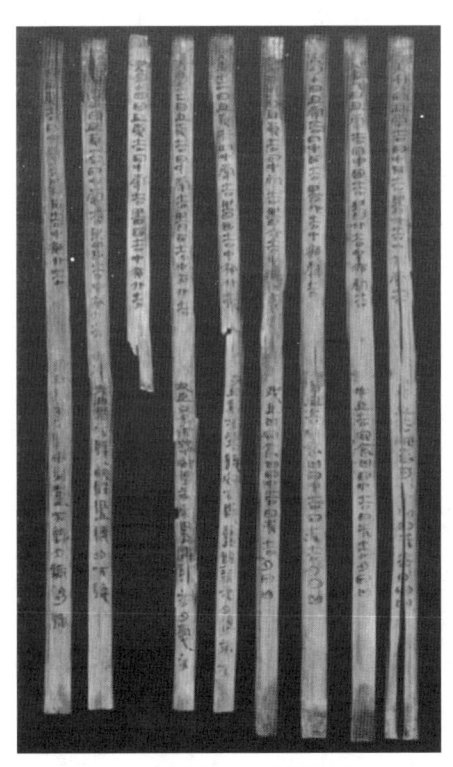

图 113　甘肃天水放马滩秦简　　　　图 114　湖北云梦睡虎地秦简

即1995年夏天，大量的秦封泥在陕西省西安市北郊汉长安城遗址的相家巷村由农民挖粪坑时惊现，成就了20世纪秦文化发展史的三次重大发现。

秦封泥和秦简牍由于出土的地域不同，陕西的秦封泥具体封的既不是湖北的秦简牍，又不是湖南的秦简牍，更不是甘肃的秦简牍。秦封泥出土地是当年秦都的皇宫，是秦始皇办公的地方，封泥上反映的内容均为"三公九卿"、郡县亭里和宫殿苑囿的官印和地名，级别最高的是左丞相印和右丞相印，是上报秦中央官府的文书；湖北的秦简的内容以书籍为主，主要有《为吏之道》《日书》《语书》《秦律十八种》《效律》《秦律杂抄》《封珍式》《法律问答》《编年记》等，没有经过封缄程序；甘肃的秦简的内容大部分为"日书"，极少篇为"志怪故事"等，应该也没有经过封缄程序的；而湖南里耶的秦简牍，主要内容则是县一级文书档案，有行政文书、吏籍、兵器簿、乘法口诀、纪事、邮程记录和封缄等，其中最少行政文书类档案，是经过文书封缄程序的（见内封插页彩图一、二）。

秦封泥封的秦简牍，都到哪里去了呢？陕西到今天为什么没有出土秦简牍？在10年前的一次秦俑学学术研讨会上，笔者提出了三个原因：第一是秦始皇时期的"焚书坑儒"事件烧了一部分；第二是秦末项羽入咸阳，纵火烧了一部分；第三是陕西半干半湿的土壤氧化了一大部分（《陕西档案》2002年第5期），其观点得到了与会专家学者的首肯。

秦简牍文字都是较为典型的秦隶，即从小篆向隶书演变过程中的一种古隶体，其字体构造多保留篆书的结构，当用笔较方，笔道劲健，与秦权的书风一脉相承。秦简牍文字都是人工手写的，尽管字体尚有篆意，但从舒展的线条和疏朗的布局，尤其从收尾的长捺和长撇，即可看出其书写者任意挥洒、行笔自如的精神风貌。史载出生于内史下邽（今陕西渭南市北）狱吏程邈，就是秦隶书的创造者，被誉为秦朝书法家，汉代蔡邕称其"删古立隶文"。唐代张怀瓘《书断》称："传邈善大篆，初为县之狱吏，得罪始皇，系云阳狱中，覃思十年，损益大小篆方圆笔法，成隶书三千字，始皇称善，释其罪而用为御史，以其便于官狱隶人佐书，故名曰'隶'。"①

综上所述，如果说秦小篆是秦统一中国文字的重要成果，那么秦隶书就是中国古代文字发展的分水岭，为以后的行书、楷书和草书等的发展奠定了基础。秦封泥和秦简牍，当是这一文化现象的历史见证，对于今天学习鉴赏其中的文字、信息和美学意蕴，具有十分重要的意义。

二、秦封泥与秦官印、秦印陶

（一）秦封泥与秦官印

秦封泥面世后，为秦文化研究和当代印坛带来勃勃生机。秦封泥是秦代印章吗？秦封泥与秦官印有啥区别？秦封泥与秦官印再现的都是秦小篆文字，最大的区别是：秦官印是创造性劳动的结晶，它具有再创造性；而秦封泥则是秦官印再创造性劳动中其重要形式之一。附图中的模式都是秦代官印的代表，方方正正的"田"字格是最大的特色，它是秦封泥的"源头"。秦封泥和秦封印具体有六个方面的不同：

一是质地不同。秦官印大多为铜质，也有银质的；秦封泥则是秦官印按捺于泥丸后所形成的陶制品，秦封泥用的丸泥，是经过审批后才能使用的。

二是用途不同。秦官印是证明身份、职位等方面的信物，且可以佩戴；而秦封泥则是文书封缄制度的结晶，简牍文书一旦被主人拆开阅读，其官印以检奸萌的使命便告结束；如果简牍文书在运送途中被偷拆致封泥破损的，那按秦律追责，则另当别论。

---

① 夏征农、陈至立主编：《大辞海·美术卷》，上海辞书出版社2012年版，第197页。

秦封泥概论

| 右司空印 | 右公田印 | 公主田印 | 南海司空 |

图 115　秦官印图组

| 内史之印 | 左司空丞 | 宜春禁丞 | 雍丞之印 |

图 116　秦代封泥墨拓模式

　　三是文字呈现形态不同。秦官印一般为铸刻凹进去的阴文（即白文），作用于秦封泥后，则成了凸起的阳文（即朱文），且前者文粗，后者文细。

　　四是内容不同。秦官印传世的多以"三公九卿"及其所属官职为主，而秦封泥所展示的内容除此之外，还有郡县亭里和宫殿苑囿的官职，重复的几乎很少，形成了秦代地理的"活地图"。

　　五是颜色不同。秦官印大多为黄色，亦有银色的，有"金印紫绶"和"银印青绶"之说；秦封泥除黄色的外，也有紫泥、青泥等之别，秦郡县封泥用的丸泥，均来自各地。

　　六是形状不同。秦官印边框方方正正，整体化一；秦封泥则随意性很大，有的则呈椭圆形、圆形，更多的是不规则的形状，其虚实迷离的外感，正是秦封泥美学的发端。

　　综上所述，秦封泥来源于秦代的印章，秦封泥是秦代官印传播的重要载体；秦官印是"源"，秦封泥是"流"；秦官印作用于秦封泥后，其价值更能具体地、形象地、生动地展现出来，成为今天我们大家关注的重点和学习的楷范。

（二）秦封泥与秦印陶

在 1996 年 12 月第一次结识秦封泥之前，笔者已开始了对秦官印、秦印陶的综合研究，撰写的《秦印陶概述》系列鉴赏稿，曾被《中国书画报》"金石篆刻"栏目特约，1997 年至 1999 年连续 3 年间发表专稿 10 余篇，引起艺术界诸多朋友关注。20 多年过去了，其影响力和关注度还在持续。今各选四枚秦封泥与秦印陶代表作，与朋友们共同分享。其中秦封泥中一字封泥"顺"（117-1）和"福"（117-2），特别抢眼，这也是目前发现历代封泥中唯一的两枚，非常珍贵。

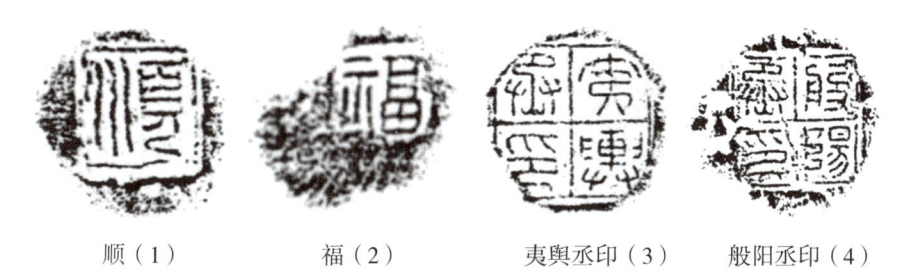

顺（1）　　　　福（2）　　　　夷舆丞印（3）　　　　般阳丞印（4）

图 117　秦代封泥墨拓模式

秦封泥和秦印陶有三大共同特点：一是都形成于秦代，二是均为陶质，三是反映的都是秦代的印章文化和艺术。

秦封泥与秦印陶有以下四大不同：

一是来源不同。秦封泥出自秦代的皇宫，是当年秦始皇办公的地方（即章台宫遗址）；秦印陶出自秦代的宫殿建筑遗址，如秦咸阳宫遗址、秦甘泉宫遗址、秦阿房宫遗址和秦东陵遗址等。

二是内容不同。秦封泥反映的是秦代"三公九卿"及其所属的职官，是经过各级管理部门任命的；秦印陶反映的是各级主管建筑的能工巧匠，不凡也有民间的高手。

三是作用不同。秦封泥主要是封缄文书，"以检奸萌"，确保运输传送过程的安全；秦印陶是记录工程，"以考其诚"，便于以后检查建筑构建质量。

四是载体不同。秦封泥是通过印章按捺泥丸的一种形式；秦印陶则是通过人工直接刻到陶器上的印记，主要有砖、瓦、罐、俑等多种载体。

芷　　　　参　　　　蓝田　　　　宜阳肆

图118　秦印陶模式

秦封泥与秦印陶艺术风格相当近似，共同造就了秦代印章艺术的辉煌，共同见证了大秦文明的博大精深。周晓陆的《秦封泥集》、袁仲一的《秦代陶文》、傅嘉仪的《秦封泥汇考》、林泊的《秦代印陶选粹》、刘瑞的《秦封泥集存》等，分别展示了其中的精品力作，是大家学习和临摹的范本。

三、秦封泥与秦刻石、秦诏版

（一）秦封泥与秦刻石

秦封泥与秦刻石的关系，大家一看便知是在说文字。秦封泥与秦刻石的共同点，都是秦代文字的重要载体，都是再现秦代小篆文字的两种不同艺术形式，都反映了古代人民大众的智慧和创造。

秦刻石形成的时代，在秦始皇统一六国后，为了"示疆威，服海内"，从公元前220年开始，秦始皇五次巡视全国，据司马迁《史记》记载，秦始皇西到甘肃，北到今天的秦皇岛，南到江浙、湖北、湖南地区，东到山东沿海，并在邹峄山（在今山东邹城）、泰山、芝罘山、琅邪、会稽、碣石（在今湖北昌黎）等地留下刻石，以表彰自己的功德。具体的执行者和操作者，就是当时时任丞相的李斯，他把统一后的小篆文字的正大气象书写在碑石上，通过工匠凿刻的金石韵味体现出来，发挥到了淋漓尽致的程度，难能可贵，可惜留下了碑石稀少十分罕见。我们今天到泰山游览，能看到的仅仅是残留的、风蚀削剥的《泰山刻石》，而流传盛名的《峄山刻石》原石则毁于战火，现藏于西安碑林博物馆的《峄山碑石》，系宋代人郑文宝根据原石拓片翻刻立石的。

图 119　泰山刻石（局部）

图 120　峄山刻石（原石与墨拓）

183

秦封泥概论

　　秦封泥形成于战国秦和秦统一前后，是秦朝独有的文书程式，让秦代"三公九卿"、宫殿苑囿和郡县亭里的各级官吏及其属官的印章，诸如左乐丞印、宫厩丞印、鼎胡苑丞、西陵丞印等，在写好文字的竹简木牍绳结处，嵌盖承办人印章上报文书中，发挥了以检奸萌的作用，为我们留下了极其珍贵的秦小篆文字实物资料，其印文均大多为秦小篆，个别文字还留有大篆的逸韵，如中、巷、厩等。

左乐丞印 　　　　　　左乐丞印（墨拓）

宫厩丞印 　　　　　　宫厩丞印（墨拓）

图121　秦代封泥原坨与墨拓组图（一）

　　由于各级官印的使用，是经过管理部门正式颁布的，所选用的秦小篆文字，也是经过当时的能工巧匠撰写和铸造的，在保持秦小篆规整严谨的同时，体现出方正流美的艺术特色。秦封泥文字所形成的时间比秦刻石文字要更早些，从单字运用上秦封泥要比秦刻石多得多，尤其是各郡及其所属的县名，诸如上郡、河间、邯郸、代马、四川太守、恒山、东海、蘋阳、宁秦、重泉、蓝田、高陵、临晋、怀德、长武、安邑、蒲反、緱氏、新城、寿春等，有600多字，都是秦刻石文字所没有的。因此说，对秦封泥的学习和认识，任重道远，我们的工作仅仅是个开始。

其中有诏事之印和诏事丞印多枚，在考证时，能体现出两个官职并非一般官员，应是职能比较大的官员，在秦代文书程式中具有重要的特殊地位。

鼎湖苑丞 　　　　　鼎湖苑丞（墨拓）

西陵丞印 　　　　　西陵丞印（墨拓）

图 122　秦代封泥原坨与墨拓组图（二）

（二）秦封泥和秦诏版

"诏事"在秦代是什么官呢？《周礼·秋官·掌讶》说："诏相其事，而掌其治令。"《史记·秦始皇本纪》记载："命为'制'，令为'诏'"。《秦铜》所录有关诏事铜器，主要有三十三年诏事戈、三年诏事鼎、诏事矛等。公元前221年秦始皇消灭六国，统一天下，结束了战国时期的混乱政局，为了进一步巩固中央集权统治和发展经济，采取了一系列的改革措施。诸如统一文字、统一法律、统一度量衡等，其中统一度量衡为重要的一项改革，它实施了当时的最高法令形式"诏书"，颁布了秦国的度量衡制度。因此就有了各种载体上的秦诏版，如藏在中国国家图书馆的秦诏版拓片，特色独具。

秦封泥概论

秦昭版（1）

秦昭版（3）

秦昭版（2）

秦昭版（4）

图 123　秦昭版组图

186

以上四个版本的诏书，内容大体都一样："廿六年，皇帝尽并兼天下诸侯，黔首大安，立号为'皇帝'，乃诏丞相状、绾：'法度量，则不壹、歉疑者皆明壹之。'"诏书中的"状"和"绾"，指的是时任左丞相王绾和右丞相隗状。从拓片可看出，这篇诏书或在权、量（权即秤锤，量即升、斗）上直接凿刻的，或直接浇铸于权、量之上的。而在秦始皇帝陵园外墙西侧飤官遗址出土了秦两诏铜斤权，可谓明证。其诏文曰："元年，制诏丞相斯、去疾，法度量，尽始皇帝为之，皆有刻辞焉。今袭号而刻辞不称始皇帝，其于久远也，如后嗣为之者，不称成功盛德，刻此诏，故刻左，使毋疑。"战国时，秦国高奴地方所铸铜权，正面凸起阳文，反映了战国秦至秦亡，都一直保持着统一的衡制。

图 124　秦铜金权　　　　图 125　秦高奴禾铜权

秦诏版和铜金权的文字，都是统一后的秦小篆。由于材质是铸铜，与表现在陶质上秦封泥文字以及表现在石头上秦刻石文字显然有所不同。秦封泥文字来自秦代官方颁定的印章文字，简洁明快，具有统一性和规范性；秦诏版和铜金权文字，本身就是精练的诏书，书写的意义更浓，大多纵有行，横无格，字体大小不一，错落有致，生动自然，具有随意性和趣味性。

学习秦小篆书法，我们不仅要从秦封泥文字中吸收线条的质感和劲涩，再现挺拔娟秀的雄浑美，还要从秦诏版中借鉴其章法的不拘一格及其金石韵味，再现天真稚拙的动态美，最后融入自己的思想、感情和修养，就可以展现出一片属于自己的篆书艺术天地。

第十二章 秦封泥考古中的历史故事（上）

秦封泥自20世纪90年代中期，在西安北郊汉长安城遗址发现到现在的25年间，不断有新的考古收获报道。本章中的六个印名：废丘丞印、蓝田丞印、云阳丞印、芷阳丞印、高陵丞印、乐陵丞印，其中"乐陵丞印"系上海博物馆藏品，其他均为西安中国书法艺术博物馆馆藏秦封泥。这些名称既是县名，又是地名；除废丘外，其他如蓝田、云阳、芷阳、高陵、乐陵至今2200多年了，还一直在沿用，其中的历史变迁和人物故事，却鲜为人知。

一、秦岭脚下的"废丘""蓝田"

"废丘"和"蓝田"，均位于中国南北分界线——大秦岭脚下。如果在以古都西安城为界，废丘在其西，蓝田在其东，直线距离约40公里。秦代时均为秦内史关中所属县。

（一）"废丘"

"秦"，一个从"禾"从"舂"而来的会意字。在人们心目中习惯把陕西的陕南、关中和陕北称为"三秦"，由此中国就有了"三秦大地"的称谓。春秋战国时陕西是秦国的治地，其由来与秦末"楚汉相争，三分关中"有关。当年项羽自立西楚霸王，王梁、楚地九郡，都彭城。更立刘邦为汉王，分巴、蜀、汉中三郡之地，共置41县，都南郑。继而三分关中，立秦三将：章邯为雍王，都废丘；司马欣为塞王，都栎阳；董翳为翟王，都高奴。其"废丘"都城到底在哪里？2019年初，西安市修地铁5号线，中国社会科学院考古研究所在西咸新区沣西新城高桥街办东马坊村发现遗址和有关实物，揭开了其中的秘密！

图126　2019年5月笔者在西咸新区沣西新城东马坊村秦遗址考察（摄影：王高）

1. 昔日的"废丘"，章邯守城遇灾难

废丘，县名。原名犬丘，后名槐里。东汉班固的《汉书·地理志》："扶风槐里县周曰犬丘，懿王都之；秦更名废丘；高祖三年更名槐里。"槐里县，就是今天的兴平市。《大清一统志》说"故城在今兴平县东南十里"。

废丘的来源，还得从犬丘和西戎谈起。大家知道，中国西北部陕甘一代的游牧民族，夏朝称"昆仑人"，商代称"羌人"，西周时期才称"西戎"。在周灭商以前，但凡与周为敌的各部落，都称为"西戎"；西周到战国时期，非周人的各部落，也都称为"西戎"。

西戎的一支称作"犬戎"，而"犬丘"就是犬戎的大本营。《国语·周语上》记述"周穆王将征犬戎"，西周座居丰镐二京，外布周六师守卫京城。大骆是秦朝的先祖，其族裔就是老秦人。最初的封地在今甘肃天水。到了周懿王时期，西戎再次强盛，直逼京师镐京。镐京城破，周幽王被犬戎所攻杀，秦襄公派兵护送周平王东迁，被封为诸侯，秦国正式建立。《史记·宋微子世家》记载，"周幽王为犬戎所杀，秦始列为诸侯"，周平王将犬戎占据的关中封给了秦国。秦国历代国君前赴后继，励精图治，与西戎作战，终于将关中收复。秦宪公时期，已达到"灭西戎国十二，开地千里"。

著名的商鞅变法，让秦国日益强大。到了武王时期，起了代周之心，秦武王直接带兵杀进洛阳，要废周天子，将九鼎运回咸阳，可惜力举大鼎失败，断骨绝膑而死。正因秦国起了代周一统天下之心，才有了三国韦昭"犬丘，周懿王所都；秦欲废周，故曰废丘"的断言。

项羽灭秦，自封为西楚霸王后，分封了18个诸侯王。困锁汉中王刘邦，特将关中分割为三：封秦降将章邯为雍王，辖咸阳以西及甘肃东部地区，定都废丘；封司马欣为塞王，辖咸阳以东，定都栎阳；封董翳为翟王，管辖陕北，定都高奴。之后，汉王刘邦出散关，趋陈仓，翻越秦岭，奇袭雍王章邯。章邯败于陈仓，退守废丘，刘邦亲率汉军团团围住废丘，废丘坚固，城不能破，直到汉二年六月，刘邦大将韩信用计，汉军大将樊哙水淹废丘，章邯遂拔剑自杀。废丘沦为汪洋，此后消失在历史长河之中。

2. 今天的"废丘"，遗址惊现明是非

在东马坊遗址未发掘之前，雍王章邯的都城废丘，公认的地点是兴平市南佐村遗址，又名犬邱遗址，仅有一个石碑，里边杂草丛生，距离东马坊遗址大约30公里。2019年3月1日，"西楚霸王项羽所封雍王章邯的都城废丘被找到了。考古人员认为，它并非在传统所说的兴平东南的南佐遗址，而是在西咸新区沣西新城的东马坊村"的消息发布后，内外一片震惊感叹："真是的，陕西的文物遗址遍地都是！"

此前中国社会科学院考古研究所研究员、考古队领队刘瑞接受《华商报》记者采访时说："此次发现，等级很高，规模很大，还有出土废丘公文字印证。"接着详细介绍了发掘情况：2016年西安市文物保护考古研究院对秦皇大道进行文物调查勘探时，钻探发现了一些灰坑、水井、陶窑等遗迹。2018年7月到11月，中国社会科学院考古研究所与西安

市文物保护考古研究院联合组成了阿房宫与上林苑考古队，对东马坊村段遗存进行了抢救性发掘。

秦皇大道是西咸新区重要规划项目，西安地铁 5 号线、连霍高速从中间穿过。已公布的资料显示，东马坊遗址位于西咸新区沣西新城东马坊村，发掘的遗迹始建于战国中期，沿用至西汉，内周长大约 2920 米，内面积约 57 万平方米，是迄今为止渭河以南发现的最大规模的秦人城址。从建筑时代看，该遗址始建晚于栎阳城遗址，早于秦咸阳宫和阿房宫，但参与营建的机构规模却与阿房宫相当，显示出该遗址建筑始建时有相当高的建筑等级，是已知秦人在渭河以南修建最早的高等建筑群。考古人员从出土的板瓦、筒瓦等建筑材料上发现了"左宫""右宫""大匠"等字样的陶文。这些都是秦汉时期负责大型宫殿建筑营建的主要职官。过去只有阿房宫遗址以及 20 世纪 50 年代在西安东北郊发掘的徐家湾遗址中，同时发现过这三类陶文。同时，在一个陶罐上还发现了"灋丘公"三个字，而"灋"是"法"的繁体字。根据传统文字学研究，"灋丘"就是"废丘"，"灋"和"废"通用。

"灋丘公"瓦罐　　　　　"灋丘公"文字瓦罐拓片

图 127　东马坊村遗址附近出土"灋丘公"瓦罐

刘瑞研究员表示："除此之外，我们研究文献还发现：刘邦和章邯作战时，曾两次用水灌废丘。但兴平东南的南佐遗址位于渭河北边高地，周边并没有水可以利用。而东马坊南边很近就是沣河，地理位置南高北低，由南向北顺流而下是完全可以水攻的。在遗址周围的勘探过程中也发现了大量水面，而且在南侧也有大量淤沙淤泥的分布，往南正好延伸到沣河边。从这些情况来看，此地确实被水泡过。这种情况在其他城市是极少发现的，而这恰恰和灌废丘的文献记载是相符的。"

3. 未来的"废丘"，责无旁贷保护好

在西安中国书法艺术博物馆珍藏的 100 多枚秦郡县亭里系列封泥中，有两枚"废丘"秦封泥，"日"字界格，长方立体，右下角略残；一枚"废丘丞印"，"田"字界格，品相完好，均为秦小篆，文字清晰，是秦都咸阳内史郡所属县地名废丘和官员废丘丞印的重要见证。

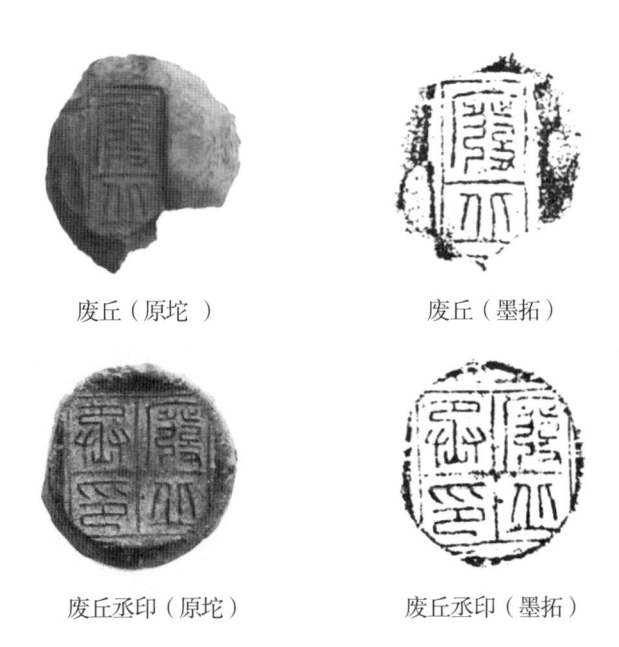

废丘（原坨） 废丘（墨拓）

废丘丞印（原坨） 废丘丞印（墨拓）

图 128 秦代封泥中"废丘"原坨及墨拓

在笔者多年秦封泥研究中，废丘一直是个"问号"，为什么把个好好的地名叫废丘？一枚封泥，一段记忆；一处遗址，一座古城。自 2017

年 5 月首批秦封泥研究成果公布后，西安中国书法艺术博物馆馆藏秦封泥的历史价值、社会效应和服务功能，不断地展示出来，受到了文博界和市民的极大关注。"上雒丞印"佐证了商洛市孝义的上雒古城；"栎阳丞印"不仅明证了秦汉栎阳古城遗址在阎良武屯，而且厘清了历史上的两个栎阳古城，确立了具有 600 年历史的临潼唐栎阳古城（今栎阳镇）的遗存和地位。

位于现西咸新区沣西新城的东马坊村，原为长安区高桥街办管辖。2019 年 5 月 4 日上午，笔者跟随从小生长在该村遗址附近的王高先生，来到了遗址中心仅留存的一处"宝贝"——"小土丘"之地，此处有 30 来米长，10 米多宽，5 米多高，周围和上部杂草树木丛生，被雨水冲刷得处处瘢痕的墙土大部分裸露在外边。走进仔细瞧，可以看到一层层累积起来的夯土层。一片片曾经被火烧的瓦砾和砖块，大部分还镶嵌在土墙里，少许碎片已经滚落在遗址下边的地面。笔者顺手捡起一块红色的土疙瘩观看，上边有明显纵横交错的"麦兼纹"，掰都掰不开，想必这是古代工匠造城的法宝，是否还有糯米汁灌注？有待进一步考证。更奇怪的是，土丘西侧上方一排，间隔三四米左右，就有一块大石头，一半藏在墙里，一半悬空，不知其用途。

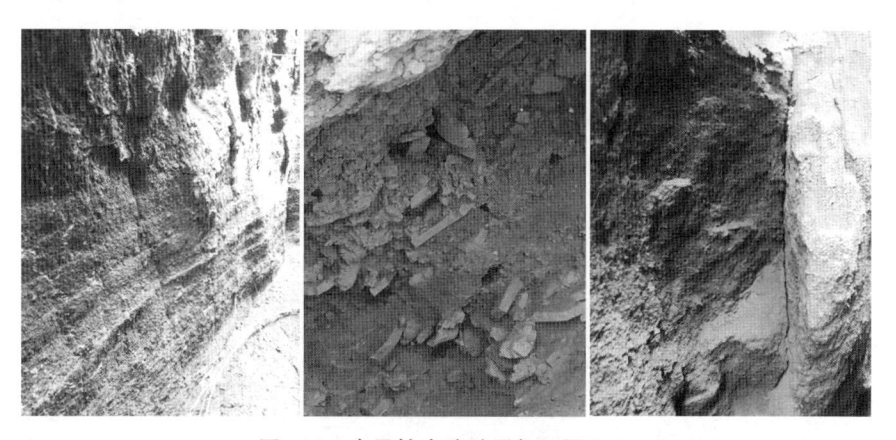

图 129　东马坊秦遗址局部组图之一

图 130　东马坊秦遗址局部组图之二

离开遗址，正是中午时分。头顶上的太阳，照得人浑身上下热乎乎的。抬头望去，高高竖起来的地铁 5 号线地上部分一个一个耸立的石柱，像一条灰白色的"空中大道"，这不正是"大西安"的"丝路纽带"吗？尽管这是一处"废丘"，但它却凝结着 2200 年前秦人的劳动和智慧。保护遗址，人人有责。建议省市文物主管部门，尽快立碑，保护遗址。我们期待这里会有更多的文物出土，我们更期待被遗弃的"土丘"，能早日以新的姿态和面貌，展示在人们面前！

（二）"蓝田"

"蓝田丞印"，是目前已发现的 100 多枚秦郡县封泥之一，是秦内史关中地区诸县的重要组成部分，位于秦岭脚下骊山南麓，直接向秦皇宫上报文书。2000 年的沧桑巨变，而"蓝田"这个吉祥美丽的名字，一直在延续使用至今，不由得让人对这一块土地心生的热爱、敬畏和留恋之情。

作为中国大秦岭之脉的骊山，钟灵毓秀，文脉相传，如果说骊山是"华夏源脉"象征的话，"临潼"和"蓝田"就是骊山的"两翼"。以骊山之巅人祖庙为界，南边的蓝田有 1 万年前猿人遗址，有人祖伏羲、女娲母亲的华胥陵；北边的临潼有 6700 年前的姜寨遗址，有秦东陵和秦始皇陵。

秦封泥 概论

蓝田丞印（原坨） 　　　　蓝田丞印（墨拓）

图 131　秦代封泥中"蓝田丞印"的原坨与墨拓

1986年冬天笔者回老家，祭拜祖上，带回二祖母珍藏的咸丰十年（1860年）形成的《冥寿序》（红洒金六尺十二条屏）和相关书画作品。尤其《冥寿序》以《洪范》"五福"，即一曰寿，二曰富，三曰康宁，四曰攸好德，五曰考终命为开篇之言，彰显中华国学文化之精华，体现秦人传统文明之美德。

图 132　蓝田西寨村庞家咸丰十年的《冥寿序》（红洒金长33厘米，共12条屏）

史书记载，"秦始皇的传国玉玺"是用蓝田玉做成，其故事千百年来一直流传。1995年10月，笔者又一次考察蓝田玉，并撰写《秦始皇的传国玉玺》一文，并设计篆刻了"受命于天，既寿永昌"（10 cm×10 cm，鸟虫书）的大印，其间深刻体会了蓝田玉质地坚硬、光泽温润之威。

2017年7月首届世界西商大会在西安举行，笔者应邀为马云、马化腾等11位嘉宾篆刻蓝田玉大印，曾在有名的"鼎湖延寿宫瓦当"出土地——焦岱的金续玉雕厂，住了一个周，经历了选料、赏玉、设计制

196

作和嵌盖拓印的全过程，攻克了一个又一个难关，美美地感受到玉乡的风土人情。

图133　2017年8月笔者在蓝田金续玉雕博物馆考察蓝田玉大印印料制作情况

图134　首届世界西商大会笔者为马云等10位嘉宾制作蓝田玉大印

二、秦内史属的"云阳""芷阳"

如果以渭河为界，"云阳"在渭河以北、嵯峨山东南，"芷阳"在渭河以南、骊山西北，似乎在地理位置上自然有一种呼应关系。在秦代都是有名望地方，今天依旧就发挥着巨大的影响力。

（一）"云阳"

结缘秦封泥后，笔者看到带有"云阳"和"云阳丞印"的泥坨坨，顿生兴奋激动之情。进一步知道了这里在2200年前曾叫过"云阳都"，是秦内史的所属县，直接向秦皇宫上报文书。《汉书·地理志》曰"左冯翊有云阳县"，《史记·秦始皇本纪》曰"韩非使秦，秦用李斯谋，留非。非死云阳"，也是甘泉宫所在地。陈直《汉书新证》说："甘泉在云阳，比其他县为重要，故称以云阳都。"其地在今泾阳县北。

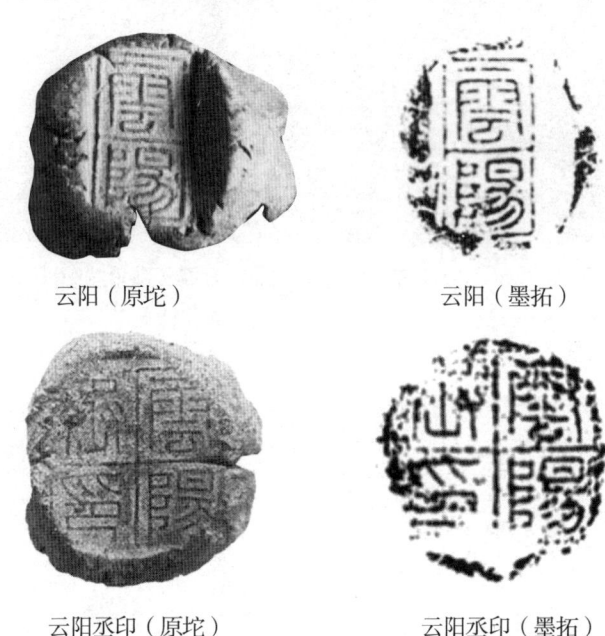

云阳（原坨）　　　　　云阳（墨拓）

云阳丞印（原坨）　　　云阳丞印（墨拓）

图135　秦代封泥"云阳"之印的原坨与墨拓

"云阳"今属咸阳地区，是泾阳县的一个古镇，"云阳"西北有一座海拔1100米至1400多米的山，称为嵯峨山，也叫"脱帽山"，山势挺拔，风景秀丽，环境优美，是道教和佛教的名山。在革命年代，这里曾为红军、八路军总部及中共陕西省委所在地。

2019年8月中旬，笔者一行四人驱车来到附近的周家大院考察，仅从"谦受益""忠厚延年""共咏蓬莱""闻善心喜""见书手钞"等牌匾，即可看出传统文化在云阳一代保留和传承的遗存。

图 136 位于周家大院内的寿礼寿牌　　图 137 位于周家大院内的"谦受益"牌匾

（二）"芷阳"

临潼，号称"华夏源脉"，在2200年前的秦代，这里却不叫临潼。如果以西安北郊汉长安城遗址出土的秦封泥所见，以现在的骊山华清池为中心，南端是蓝田，西边是芷阳，西北是高陵和云阳，东北是栎阳和下邽。这些地名，都是当时的县名，均为秦都咸阳内史所属，设置有县丞，而因当时文书往来留下来这些珍贵实物秦封泥，为我们今天解读秦郡县制和地域文化研究提供了十分珍贵的资料，西安中国书法艺术博物馆馆藏的"芷阳丞印"和"芷丞之印"，就是其中的典型范例。

图 138 同文的秦封泥"芷阳丞印"（墨拓）

2019年8月1日，《中国文物报》报道了秦东陵特大文物被盗案，被告人潜逃获刑八年的消息，在全国各地引起强烈反响。其中披露的鲜为人知的内容和细节，又一次把秦东陵推到公众的视野中。秦东陵在哪里？它是哪一年发现的？它和现在已明确的芷阳城遗址是什么关系？带着这些疑惑，笔者在西安市临潼区博物馆陈列部梁方主任的陪同下，实地考察秦东陵。

图139　秦东陵文管所工作人员向笔者介绍地貌情况（摄影：刘芳珍）

1. 历史上的芷阳城

　　芷阳，即芷阳。县名，秦置。汉文帝于此置霸陵，故改芷阳县为霸陵县。《汉书》卷二十八上"京兆尹有霸陵县"，班固自注："故芷阳，文帝更名"。《汉书补注》："先谦曰：秦宣太后悼太子葬此。"清《一统志》："故城今咸宁县东。"即今陕西省西安市东北临潼区韩峪乡油王村一带。

　　1982年10月，陕西省考古研究所张海云率队对油王村西、南部分区域布置探沟，探方调查秦芷阳县城，试掘400余平方米，发掘出土的陶器残片上有"芷""芷阳"刻文；1992年4月至10月，陕西省考古所秦陵工作站与临潼县文物工作队，在油王村发掘了3组8座秦代陶窑及制陶作坊遗址，亦出土了带有"芷""芷阳"刻文的陶片，证实了此地为秦芷阳县城故地。

图140　陕西省人民政府立的秦东陵保护标志碑（2006年5月国务院颁布）

秦东陵史称"芷阳"，后世有学者认为，其地处于关中东部，既在秦旧都雍城之东，又在秦都咸阳之东，称之秦东陵。是秦代按照方位对其王室陵园的命名。在《史记·秦本纪》《史记·秦始皇本纪》中，则称"芷阳"。如《史记·秦本纪》载："昭襄王四十年（前267），悼太子死魏，归葬芷阳。"《史记·秦本纪》载："昭襄王四十二年（前265），安国君（昭襄王次子，即孝文王柱）为太子。十月，宣太后薨，葬芷阳郦山。"《史记·秦始皇本纪》载："昭襄王享国五十六年，葬芷阳。"《史记·秦始皇本纪》："庄襄王享国三年，葬芷阳。"《史记·秦始皇本纪》载："秦始皇十九年，太后薨，谥为帝太后，与庄襄王会葬芷阳。"20世纪80年代中后期，这里先后发现出土的匠师陶工名芷阳葵、芷阳工葵、芷阳美工等多枚印陶，是为见证。《吕氏春秋·季春纪》有"是丹也，命工师，命百工"的记载，显然这些名叫"芷阳葵"和"芷阳工葵"的工匠们，参加了秦东陵的修建工程。

图141　秦东陵出土"芷"和"阳"印陶

图142 秦东陵出土"芷阳葵"和"芷阳工葵"印陶

2. 现实中的秦东陵

秦东陵位于陕西省西安市临潼区西南，灞河东岸，骊山西麓。秦东陵所处地质构造具有两重性，即前长城纪的基底构造和以喜马拉雅期为主的块断构造。其所在洪积区的土层结构是由最新的第四纪上更新统冲洪积黄土、冲积砂砾和风积黄土等五层构成。秦东陵紧在芷阳故城的东侧，地势高于芷阳城遗址。

秦东陵发现于1986年后，经当时的陕西省考古研究所秦陵工作站同临潼县文管会办公室组队勘探，探明有四座陵园。秦汉考古专家焦南峰认为应为南北两座陵园。1986年7月14日在临潼召开了研讨会，有关专家经过对调查资料的论证、分析，结合《史记》记载此处共葬秦昭襄王在内的四位君王、四位王后、一位太子，大家一致认为，韩峪古大墓就是秦东陵。经过近年的考古勘探推测，一号陵园这座"亚"字形的大墓的主人是秦昭王，即秦始皇的曾祖父嬴稷，二号陵即宣太后（芈月）的墓地。

图143 秦东陵文管所工作人员向笔者介绍遗址现状及 保护情况
（摄影：刘芳珍）

秦东陵保护范围24平方公里，2005年5月25日国务院公布为全国重点保护单位，随后陕西省人民政府立碑保护。秦东陵，是继临潼秦始皇陵、凤翔秦公陵园之后，秦国国君陵墓的又一重大发现。

图144　发掘中的秦东陵二号陵园建筑遗址（2015年）

3. 珍贵的文物遗存

《中国文物报》报道中称，2010年9月至10月间，盗贼曾两次进入一号墓室，盗取了室内高足豆一件，高足豆座三件及竹简七件后潜逃。后经陕西省文物鉴定委员会对追回的赃物进行认定："八年造"漆木高足豆为国家一级文物，"大官"铭漆木高足豆座、竹简均为国家三级文物。

陕西省考古研究所副院长、秦汉史专家张仲立和商周秦汉专家张天恩两位研究员认为，最为珍贵的是在漆木高足豆上刻有19个字的铭文——"八年相邦薛君造"，薛君即齐国的孟尝君，是"战国四君子"之一，"八年"则指年号，为秦昭王八年。这些文物印证了"鸡鸣狗盗"的历史典故，即公元前299年，孟尝君得到秦昭王的聘书后，踌躇满志地带着"鸡鸣狗盗"等数百人马，去渭水边的秦都咸阳为相的故事。

秦封泥 概论

　　"鸡鸣狗盗"原典出自《史记·孟尝君列传》，意思是齐孟尝君出使秦被昭王扣留，孟一食客装狗钻入秦营偷出狐皮裘献给昭王妾以说情放孟。孟逃至函谷关时昭王又令追捕。另一食客装鸡叫引众齐鸡骗开城门，孟得以逃回齐。孟尝君（别称"薛公""薛文"），本名田文，齐国宗室大臣。曾率三国联军大败秦军，攻破函谷关。秦国丞相史上薛文名著。

　　秦东陵文物管理所副研究员杜应文说："出土的漆木高足豆保存较好，特别是在北方地区，历经2000多年能完整保存极为难得。豆座上的刻文不但有利于对墓主人的推测，也具有证史纠史的作用，具有极高的艺术价值、科学价值和研究价值。"据考古专家说，与高足豆同时出土的还有竹笥（即用以盛放衣物书籍、等的竹制盛器）。在秦封泥专题研究中，笔者最盼望的就是陕西竹简木牍的出土和发现，对此，目前尚未发现的原因曾进行过梳理。现在看来，这其中之谜将不久被揭开。

图145　秦东陵出土"漆木高足豆"　　图146　"漆木高足豆"带有彩绘的底座

204

图147 "漆木高足豆"底座铭文

此次发掘中的竹器上本有文字,只是带出来一见阳光和空气,很快就被氧化了。如果即时放到密封的玻璃器皿里,即可保存下来。这就为我们提出了新的课题:秦东陵以后出土的竹简木牍如何保护?如何让上边的文字不会消失?如何让我们看到秦地2200年前的文字,并能和关系最密切的秦封泥联袂展出,那将是秦文化发展史上的又一大盛事。我们期待!

三、秦齐文明中的"高陵""乐陵"

"秦齐文明",为战国时"秦地"和"齐地"。秦地有"三秦大地"之誉;齐地有"齐鲁大地"之称。如果从地理位置上看,"秦地"和"齐地"几乎在东西的主轴线上;如果从西安中国书法艺术博物馆珍藏100多枚郡县秦封泥说起,以秦内史关中为代表的秦地就接近50枚;以山东济南为中心,南部和北部的秦封泥加起来超过了50枚,其中大部分都在"齐鲁"范围及其周边。先不说《大秦帝国》《大秦赋》里演绎的惊心动魄故事，单介绍高陵和乐陵便是这其中一个具有代表性的文化符号。

（一）秦封泥与"高陵"之地

图 148　位于陕西省西安市高陵区的"泾渭分明"汇流处

这张航拍图，是中央电视台反复播放的、西安市高陵区域内清水浊水同流一河的——渭水汇流，有名的"泾渭分明"成语故事就发生在这里。

2018 年 4 月 10 日杨官寨遗址入选"2017 年度全国十大考古发现"，这个典型新石器时代的遗址，同样发生在西安市的高陵区的泾河左岸上，是距今 5600 年前的庙底沟文化和半坡四期文化的重要遗存，其间出土了大量可复原的器物 7000 余件，可谓洋洋大观。

图 149　陕西省西安市高陵区杨官寨遗址出土的镂空人面陶器

  而在 20 多年前出土于西安高陵的近 200 件秦封泥，却鲜为人知。高陵，秦时是距离秦都咸阳很近的一个县，与北边的云阳、南边的芷阳、东边的栎阳毗邻。20 世纪 90 年代中期西安北郊汉长安城遗址相家巷村惊现大量秦封泥中，已有"高陵丞印"所见，笔者曾在《长安书法篆刻研究》里著录过。

  庚子季春，在拜读杨广泰先生 2010 年 8 月编《新出封泥汇编》时，发现有西安高陵 63 种 192 件秦封泥图录，看到一枚枚未曾结识的名称，诸如竞陵丞印、庱左丞印等，尤其是邦尉之玺，是 21 世纪以来出土秦封泥中唯一带"玺"的封泥，让人十分欣喜；即使与出土的西安汉长城遗址相家巷村秦封泥咸阳丞印不、栎阳丞印、灋丘丞印和都船丞印等比较，高陵出土的秦封泥，特色独具，枚枚都不一样。厚厚的墨拓，漫漶的边轮，若隐若现的文字，虚实迷离的意境，给人第一感觉就是：大气磅礴，妙趣横生，其丰富的科学信息和无限的艺术魅力，必将为大秦封泥艺术研究带来新的启迪。

| 邦尉之玺 | 高陵丞印 | 栎阳丞印 | 少府丞印 |

图150　陕西省西安市高陵区新出土秦封泥模式之一

| 咸阳丞印 | 竞陵丞印 | 瀘丘丞印 | 故　卿 |

图151　陕西省西安市高陵区新出土秦封泥模式之二

（二）秦封泥与"乐陵"之地

继陕西省商洛市、渭南市之后，以大秦封泥佐证历史为主题的专题研讨，庚子金秋迎来了一次别开生面的山东乐陵盛会。笔者有幸受邀考察乐陵故城，并通报了大秦封泥和乐陵丞印发现的最新消息。

图152　2020年9月28日笔者在山东乐陵故城遗址考察

秦封泥横空出世，一跃成为21世纪历史文化研究的"亮点"和"热点"。突出"繁"和"荣"两个字。"繁"主要体现在"三多""三大"，即秦封泥品种多、数量大；秦封泥著述多，影响大；秦封泥参与人数多，范围大。"荣"主要表现为三点：一是"荣幸"，秦封泥深藏皇宫2200年，重见天日；二是"荣华"，秦封泥犹如草木开花，让泥块"说话"；三是"荣归"，秦封泥研究成果卓著。

仅从目前已公开地汇集著录看，其总数应在2万枚以上。其中，西安中国书法艺术博物馆收藏了其中的781枚精品（100多枚与地理有关），北京古陶文明博物馆收藏了1000余枚，中国社会科学院汉长安城遗址考古队现场发掘325枚，日本收藏家捐献给南京艺兰斋的250枚，西安市文物保护考古研究院现场发掘的11347枚（其中与地理有关的1300枚），目前尚在整理之中，尚待公布。另外，还有杨广泰收藏的2000多枚秦封泥，即将在他创办的平湖玺印封泥博物馆亮相。

图153　笔者在山东"乐陵故城"保护碑前留影

秦时地域四大部分，即关中诸郡、山东南部诸郡、山东北部诸郡和淮汉以南诸郡。仅山东区域秦封泥，在西安中国书法艺术博物馆藏秦郡县系列中最多，几乎占到一半以上。其中有东海郡、东郡、三川郡、南阳郡等11个郡的近50枚秦封泥，主要有位于山东枣庄市东南的"承印"，有郯城县的郯丞之印，有朝城县西的东武阳丞，有阳古县的东阿丞印，有定陶区西北的济阴丞印，有沂水县的阳丞之印，有胶县南的郱丞之印，有滕州市南的薛丞之印，有济宁市的任城丞印，有曲阜市的鲁丞之印，有长清区的卢丞之印，还有位于淄博市西南的般阳丞印，等等。

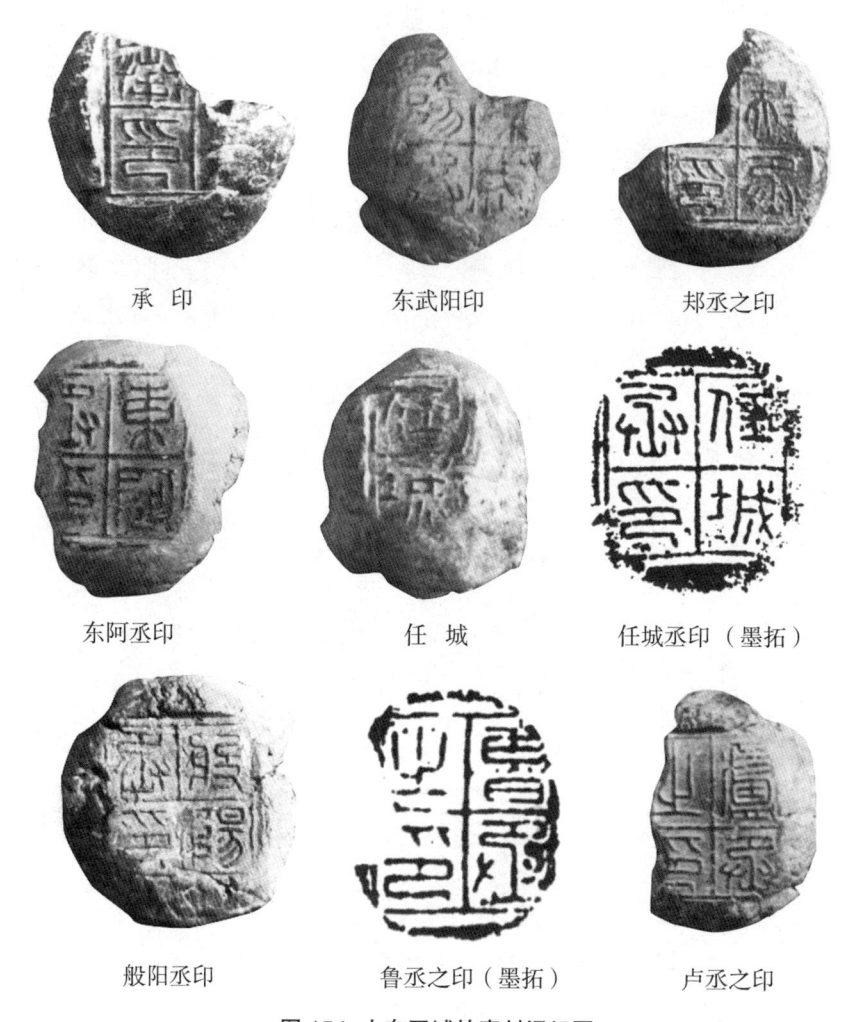

承 印　　　东武阳印　　　郱丞之印

东阿丞印　　　任 城　　　任城丞印（墨拓）

般阳丞印　　　鲁丞之印（墨拓）　　　卢丞之印

图154 山东区域的秦封泥组图

乐陵，县名，战国秦置（公元前284年），由燕将乐毅设立，属济北郡；丞印是当时负责乐陵县文书封缄工作官员的印章。济北郡，在山东北部诸郡系列，其秦代封泥的发现有卢丞之印、般阳丞印等。那么，反映山东乐陵市历史文化的乐陵丞印，是否在陕西出土这批封泥中，这一问成为现任乐陵市文化和旅游局局长房绍良的一桩心事。

由于这批封泥分散收藏的情况、展示保护的难度和分批公布的特点，十多年中，房绍良曾多次与笔者电话交流乐陵市的历史文化和民俗风情，还于2015年七八月间亲临西安考察，参观了位于大明宫国家遗址公园的西安中国书法艺术博物馆"秦封泥特展"。他感慨地说："庞馆长，你一定要帮我找到这枚秦封泥，它对佐证乐陵的历史太重要了！"我们沟通了多次，期望在时机成熟时，在山东召开一次大秦封泥的学术研讨会，以期在更大范围内摸底和寻找。

庚子春天，一场突如其来的新冠肺炎疫情，笔者被封闭在临潼老家。无事闲暇中购置了30多册玺印、封泥专著。其中孙慰祖著，上海博物馆藏品大系——《中国古代封泥》，是笔者近10年来最想得到的一部。当快递员送到后，笔者迫不及待地拆开翻到"秦代封泥"一章，看有无奇迹出现。果然在第64页上，"乐陵丞印"四个字映入眼帘，简直不敢相信，但左看右看，确是秦代的，有原坨，有背面，有墨拓；况且，和西安相家巷村出土的封泥一模一样，秦代小篆，"田"字格式，文字清晰，右侧"印"字下边略残。

图155　乐陵丞印（原坨）　　图156　乐陵丞印（墨拓）

第十二章　秦封泥考古中的历史故事（上）

仔细翻阅出处，当知这枚封泥为周进藏品，据《建德周氏藏古封泥拓影》一书介绍，时间约在20世纪20年代，系山东早年出土，部分来源于关中。也就是说，这枚封泥，很有可能还是陕西大地里的宝物。笔者第一时间向房绍良做了通报，遂与上海博物馆取得联系，对方答应提供乐陵丞印仿制品一件。

　　"乐陵丞印"的发现，把山东乐陵的历史提前了200多年。这正是：大秦封泥域宽广，乐陵丞印谱新章；佐证历史明古迹，助推文化名远扬。

第十三章　秦封泥考古中的历史故事(下)

一、"栎阳右工室丞"印的新证据

在西安北郊出土的秦封泥中，与栎阳古城有关的封泥有两枚，其中通过20多年来对"栎阳丞印"的研究，进一步厘清了历史上的两座古城，一是秦汉栎阳古城，历时100余年，其地址在西安市阎良区武屯镇石川河旁；二是唐栎阳古城，历时600余年，其地在西安市临潼区栎阳镇清河南侧。而栎阳右工室丞印，是秦封泥中唯一一枚字数最多的封泥，且面块最大，文字基本完整（"右"字虽然缺个角，但可以想象出字的形状），是秦汉栎阳故城当时手工业发展和繁荣的重要见证。

图157　栎阳右工室丞的原坨及墨拓

秦自襄公八年立国至子婴元年秦亡（公元前770年—前207年），共历时563年。秦自战国即设置管理手工业的机构—工室,并有左、右之分,栎阳右工室丞即是见证。除在中央设置以外，在各郡县也均设置有工室，如咸阳工室丞、邯郸工丞等。根据秦封泥所见，笔者曾在《从秦封泥的发现看秦手工业的发展》（见《秦俑秦文化研究》，陕西人民出版社2000年版）一文中，将秦的手工业分为开采、铸造、制陶、纺织和煮盐五大部分，秦汉栎阳古城出土的大量的陶器实物，即秦时制陶业的缩影。秦时的手工业经历了由大到小、由弱到强的发展过程。到底秦的制陶业有多大的规模？和秦雍城、阿房宫和咸阳宫有无区别？己亥金秋时节，笔者作为秦俑学术研讨会的专家学者，一行来到阎良武屯，在栎阳故城遗址考古工地的展厅里，看到了近40年来的重大考古收获。

图158　笔者在秦汉栎阳古城遗址出土文物展示现场考察

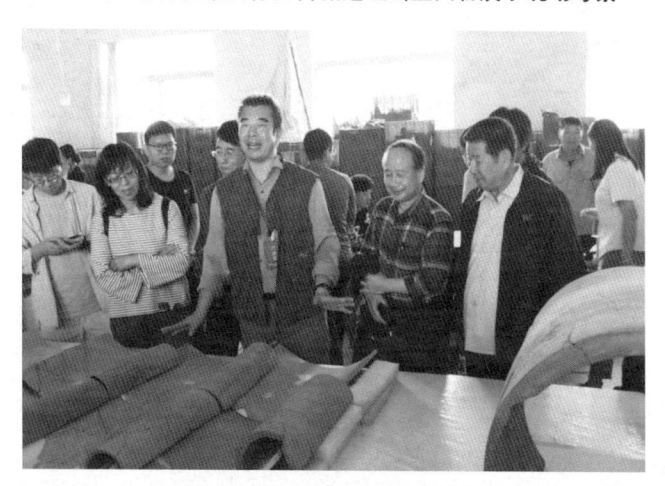

图159　刘瑞向专家学者介绍秦都栎阳遗址文物出土情况

秦汉栎阳故城遗址入选"2017年度全国十大考古新发现",这是秦文化发展史上一件大事情。步入大厅,一件件携带着泥土气息的器物,让简陋的展厅,弥漫着古风陶韵,特别是葵纹瓦当,堪称"瓦当王"形似陶筒的端头,直径约60厘米左右,大气罕见,可以想象当时的宫殿建筑有多么气派宏大。再细看上边的手纹清晰可见,那是当时能工巧匠留下来的手纹痕迹,更是秦人非凡的劳动创造。

这是栎阳,这是"苍曰来请"……从不同的角度欣赏,笔者脑海里一直不间断地发问:当时担任"栎阳右工室丞"的官员是谁?虽有待进一步考证,但是通过出土的一件件器物的精致程度和制作水平,完全有理由相信,他们是勤于管理、尽职尽责的大将。2020年12月,栎阳考古40年学术研讨会在西安市阎良区隆重召开,国内近百位专家学者出席研讨交流,加快了《栎阳城遗址保护规划》的编制工作。

图160 秦汉栎阳古城出土带有"栎阳""苍曰来请"文字的陶罐陶片

二、"戏丞之印"古遗址的渊源

在西安中国书法艺术博物馆现藏秦封泥中,有一枚特别的官印,名叫"戏丞之印"(虽然左侧局部残缺,但右边"戏丞"两字清晰)。大家想这个"戏"字，一定与唱戏、演戏有关。是的，确有联系！"戏"，是骊山脚下一道河流的名称，亦称"戏水""戏水河""戏水处"，其地在今西安市临潼区东北40里的戏水处。这里在秦代时曾为古邑，是秦内史所属县之一。

图161 戏丞之印的原坨及墨拓

戏水，黄河支流渭河的支流，发源于西安市临潼区仁宗乡仁宗村，流经仁宗、东岳、穆寨、土桥、代王、纸李、零口、何寨、新丰，在新丰镇胡家窑村入渭河，主河道长32.23公里。戏河有灌溉之利，沿岸有戏河水库等工程。《水经注》云："戏水出骊山冯公谷，东北流，又北经丽戎城东，又北经戏亭东，又北分为二水，并注渭水。"《两京道里记》曰："戏水，周幽王以褒姒游于此，故以为名水……"戏水，源出蓝田北界横岭，出骊山北流入渭河，由于河谷两岸多红土，夏季大雨涨水冲刷，致使河水充红色，故当地群众又称"胭脂河"。

戏河本是一条小河，却因历史上一些重大事件在这里发生，成为一条文化河，因而名载史册。《史记·秦始皇本纪》和《史记·高祖本纪》记述，最早传说周幽王举烽燧征诸侯以戏褒姒处，即周幽王灭于戏是也。

秦末反秦农民起义军领袖陈胜派大将周文率60万大军入戏，被秦将章邯击败，最终起义失败。后项羽的大军入函谷关，40万军队又驻扎戏水一带，发生鸿门宴事变，然后又在戏水之西分封反秦有功之诸侯王，项羽自封为西楚霸王。"汉元年四月，诸侯罢戏下，各救国"，军事活动持续半年之久。今戏水两岸有幽王堡、幽王墓、褒姒墓和扁鹊墓等古迹。

三、"秦封泥学"学科建设新思路

秦封泥形成于2200年以前,今天我们之所以说它对中华文明在文书、文字、历史、地理、书法、篆刻方面的六大贡献十分重要,是基于它在中国文明五千年的历史长河中占有特别重要的地位,起到了承上启下的重要作用。秦代郡县制的成功经验,影响了中国2000多年,秦代管理的基本框架今天仍继续沿用。西安北郊汉长安城遗址出土的大秦封泥,是这一历史文明的重要见证。又"印宗秦汉",是历代印学家学习篆刻奉行的宗旨,秦封泥补充了面世秦印的不足,大量地、完整地、系统地再现了秦印的模式和风范,是极其珍贵的文化遗产!

秦俑学,经过40多年来专家学者的共同努力,体系基本形成,已经初具规模,在世界范围内产生了巨大的影响。[①]简牍学从1901年王国维先生著《简牍检署考》及其与罗振玉合著《流沙坠简》始,便开启了简牍研究的先河,到1970年"简牍学"作为一门新兴学科被正式命名,其后该学科的发展日新月异,时至今日已成为当代之"显学",并有《简牍学大辞典》出版。

秦封泥面世已25年,人们对它的认识和了解在不断地加强和扩展,创建秦封泥学,方兴未艾,期待更多的专家学者加盟。有人要问,秦封泥能成为一个学科吗?笔者认为:"能!"2017年10月,由国内王子今、徐卫民、庞任隆等30多位秦文化研究领域的专家学者,发起成立的"秦文化研究会秦封泥专业委员会"在古都西安诞生,推出了一批研究成果,在学术界产生了积极反响,标志着秦封泥研究进入一个全新阶段!

一个学科是否能成立,完全在于它本身的文化内涵及理论价值的提升。20多年来秦封泥的研究在各方的支持和努力下得到了进一步扩展,取得了重大成果。作为引领中国印学界学术与创作的专业期刊《西泠艺丛》(原名《西泠印社》),在12年内,接二连三地推出"封泥研究专辑",

---

[①] 张文立:《秦俑学》,陕西人民教育出版社1999年版,第1—10页。

发表系列学术含量高、并具有一定深度的论文20余篇。在当代中国封泥发展史上具有十分重要的意义。

2008年6月《西泠印社》（总第18辑）"封泥研究专辑"发表了童衍方的《释六舟旧藏汉封泥拓本册概述》、杨广泰的《封泥刍议三题》、许雄志的《鉴印山房藏汉封泥选》、郭超英的《封泥研究资料征存》等6篇论文。正如陈振濂在"主编导语"中说的："本期论文集中了秦封泥、汉封泥以及封泥发掘史、封泥鉴赏、封泥研究资料等内容，勾勒出了一个封泥研究从学术架构到方法论的立体的系统。"其中孙慰祖实际考察综合分析撰写的《临淄新出西汉齐国封泥研究》一书，对临淄封泥发现，刘家寨封泥所见齐国官制与地理、形态特征与文字风格皆做了详细阐述。

2011年3月《西泠印社》（总第31辑）"封泥研究专辑"发表了刘庆柱、李毓芳的《西安相家巷遗址考古与秦封泥相关问题》、孙慰祖《官印封泥中所见秦郡与郡官体系》、范正红的《西汉"临淄丞印"封泥同文异印现象探讨》、陈昭荣的《从封泥谈秦汉"詹事"及其所属"食官"》等8篇论文。尤其是日本专家学者松丸道雄和高久由美合作的《中国古封泥在日本——介绍20世纪上半叶传到日本的几批中国古代封泥》一文，报道了受学术界十分关注的秦封泥在日本展示交流的盛况，引起热议。

2019年12月《西泠艺丛》（总第60辑）"封泥研究专题"，发表了崔璨的《近十年来秦泥封研究的回顾与展望》等8篇论文。特别是笔者依据20多年来秦封泥专题研究的体会，从秦封泥、秦兵马俑与秦简牍的比较研究中，揭示了秦封泥对中华文明的六大贡献，进而撰写的《构建"秦封泥学"的探索与思考》一文，在该刊发表后引起了学术界的热切关注，对"秦封泥学"学科建设起到了积极的推动作用。

另外，在周晓陆、路东之编著的《秦封泥集》（三秦出版社2000年版）、傅嘉仪编著的《秦封泥汇考》（上海书店出版社2007年版）专著出版之后，还有三部专著值得关注：一是杨广泰先生所编《新出封泥汇编》（西泠印社出版社2010年版）倾多年之收藏，仅汇集西安相家巷、六村堡、高陵和平舆古城村等地出土秦封泥多达620多种、2520余枚，枚枚精彩。

二是任红雨先生的《中国封泥大系》（西泠印社出版社2018年版），在收集的5485枚秦封泥（官私印）中，就有自己原拓本1400余枚。三是刘瑞新著《秦封泥集存》（中国社会科学出版社2020年版），收集的秦封泥有2350个品种，9218枚，更是皇皇巨著；还有王辉、施谢捷等专家学者的文论数百篇。这些研究成果，无疑对构建秦封泥学具有十分重要的参考借鉴价值。

图162 《西泠艺丛》2019年第12期（总第60期）封面

综上简述，秦封泥所具有的唯一性、丰富性和新颖性三大特点，已经远远超越了此前历代出土封泥的情况，是秦封泥学创立的基础和生命力延伸的重要标志；秦封泥对文字学、书法学、篆刻学、历史学、地理学和文书学的传承和补证，是秦封泥学构建的优势和专长。秦封泥学研究的历史、秦封泥学研究的社会功能、秦封泥学的特点和研究对象、秦封泥学的理论和资料、秦封泥学研究的方法、秦封泥学和秦文化研究、秦封泥学和其他学科、秦封泥学研究者的素养、秦封泥学研究的意义和前景等，这些研究课题都具有一定的前瞻性。未来的秦封泥学研究，还有相关课题需进一步深化，包括：一是秦玺印文化与用印制度研究；二是秦封泥艺术价值对后代诸多艺术领域影响研究；三是秦封泥文字及其对汉字文化影响研究；

四是秦封泥与秦官制制度研究；五是秦封泥与宫殿苑囿研究；六是秦与六国及其他民族关系研究；七是秦封泥与秦郡县制度研究；等等。这些都是秦封泥学科今后需要关注的重要课题。

著名考古学家袁仲一对秦封泥研究和秦封泥学科建设寄予厚望。当他第一次见到秦封泥时，就非常高兴地对学界说："这是秦汉历史、考古学及中国古代职官、地理研究的一次里程碑式的发现，其中大量的问题需要一代人甚至几代人的好好消化、研究。"2019年4月24日，听说陕西师范大学出版总社启动"秦封泥与秦文化研究书系"的编撰工作，先生认为这是一件大好事，表示给予积极支持。

图163　笔者（左）与陕西师范大学出版总社人文学术中心主任冯晓立（右）一起看望袁仲一（中），并聘请先生为"秦封泥与秦文化系研究书系"顾问（摄影：张旭升）

2019年5月10日，袁仲一先生专程到收藏展示保护秦封泥的西安中国书法艺术博物馆考察，在仔细观看了"秦封泥特展"后说："秦封泥是秦人留给我们这一代人的巨大财富，看到这些栩栩如生的官印，不由得让我想起了强秦的伟大！"后即兴留言道："这批秦封泥内涵丰富多彩，是研究秦史、秦文化的珍贵资料。"并欣然答应为"秦封泥与秦文化研究书系"作序以兹鼓励。

秦封泥的历史价值、艺术价值和科学价值，已为秦封泥学的构建奠定了坚实的学术动力。我们期待像"大秦封泥艺术研究院"这样的学术研究机构诞生。

图 164　袁仲一先生与夫人刘钰参观西安中国书法艺术博物馆

第十四章　传承中的封泥印制作活动

学古不宜古，传承贵出新。最能表达人们思想和感情的篆刻，已经深入到现代人们生活的各个方面。"人类这种最高的精神活动，艺术境界和哲理境界，是诞生于一个最自由最充沛的深心的自我。"[①]现在的"主题印"创作，和2000多年前的秦代不同。那时候，以实用为目的，使用范围限制，管理制度严密。印章经过2000多年的发展，无论从其内涵和外延方面，都发生了重大变化，尤其是注重个性的表达。今天的中国篆刻和中国书法，已经双双被列入联合国教科文组织人类非物质文化遗产代表作名录，成为最具中国传统艺术的标志性文化符号。只要选定一个正能量、积极向上的主题，在风格、模式和用料等方面，都可以放开、任意地发挥，且完全可以在形式、文字和意境等方面，实现大的突破。现结合笔者新近完成的《金石永寿印谱》暨中国寿文化篆刻艺术作品中有关封泥的创意过程，谈谈收获和体会。

一、对封泥印用料的选择

在2009年春第二个主题印——《华清池印谱》出版前夕，笔者曾尝试用家乡秦始皇帝陵附近的骊山泥作为泥丸选料制作封泥，取得了初

[①] 宗白华：《美学散步：插图本》，上海人民出版社2005年版，第139页。

步成功。这里的土质黏性好，合成的骊山泥颜色土黄细腻，惹人喜爱。2200多年前秦始皇安排工匠们制作兵马俑，就是选用这里的泥土做的。缘于大秦封泥艺术研究院"篆刻印纽传拓展示和封泥技艺传承保护项目"的推进和鼓舞。新冠肺炎疫情期间，西安市临潼区秦王文物复制厂经理、工艺美术师韩咪咪送来上好的骊山泥，笔者用了一个月时间，完成了《金石永寿印谱》50枚阴文印章的封泥制作，并传授了封泥制作的技艺和方法。时值六七月高温，这部分作品没有经过烘焙环节，只是在通风良好的环境下，用阴干的办法，进行了"冷处理"，一个月后硬度增强，拍照时枚枚竟有了新的面孔和气象，让近距离观赏的朋友们欣喜万分。

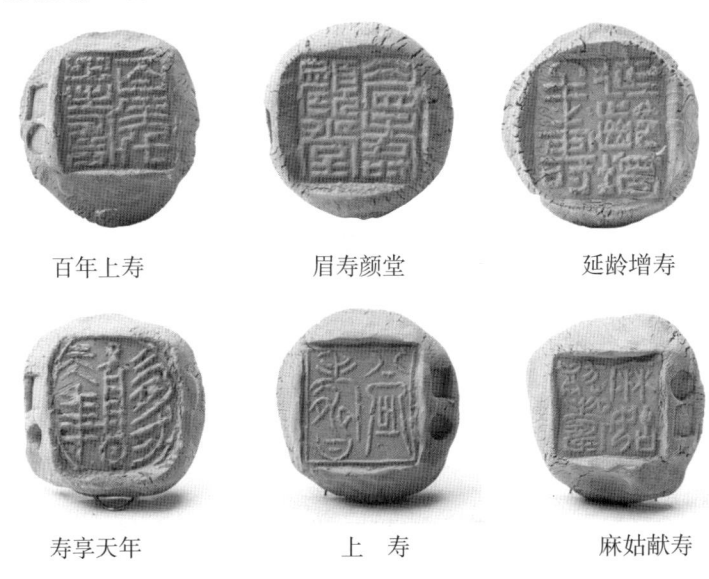

百年上寿　　　　眉寿颜堂　　　　延龄增寿

寿享天年　　　　上　寿　　　　麻姑献寿

图 165　笔者用骊山泥为选料制作的封泥组图

二、对封泥印规格的塑造

我们今天看到的秦封泥，印章为方形的，封泥形状趋于圆形；印章为长方形的，封泥形状趋于扁形。由于那个时候，对官印尺寸有明确规定，一般原印在1.8厘米×2.5厘米之间，封泥的外形大多在3.0厘米×4.0厘米左右，如藏于西安中国书法艺术博物馆的"右丞相印"，长3.5厘米，宽 3.0 厘米，高 0.5 厘米；"四川太守"，长 3.0 厘米，宽 2.7 厘米，高 1.2 厘米。《金石永寿印谱》在前期策划中，笔者选取的大部分为 3.0 厘米 ×4.0 厘米的寿山石，况且方形居多。在制作封泥印时，用的泥料多，形成的块头大，尤其是宽窄不等封泥边栏，除留有笔者丸泥时的手纹外，还按捺了"庞氏""任隆"小印章，是为物勒工名的记号吧。特别是像上边图录中出现隐隐约约的红或黑的痕迹，是制作过程中自然所带，为封泥印面增加古朴的情趣。

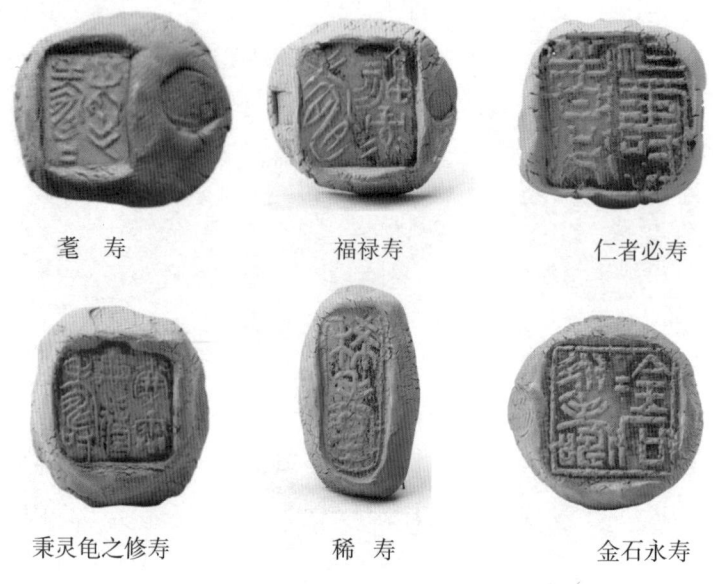

耄　寿　　　　　福禄寿　　　　　仁者必寿

秉灵龟之修寿　　　稀　寿　　　　　金石永寿

图 166　笔者制作的不同形状的封泥组图

三、对封泥印审美的追溯

　　秦封泥美的境界，在于方寸之间体现了秦代印章的艺术风貌，如宗白华说道，无待于外而自成一意义丰满的小宇宙，再现了秦小篆书法的刚柔之美，是十分具有时代特征意义的作品，其感染力之极，影响力之极。《金石永寿印谱》要走出一条既有继承，又有创新的路子，必须在印文选用上出奇制胜。于是，秦小篆之前的大篆，秦小篆之后的汉篆，

224

间或鸟虫书，就成了笔者印稿设计时的主要选择。如寿诞、龙寿、寿桃、寿元无量、期颐之寿、福寿年高和眉寿颜堂等，或因形立意，尽情夸张；或粗壮厚实，疏朗开阔……笔者竭尽全力寻求其中的变化和韵味，呈现出不同于秦封泥文字的感觉来。

寿诞　　　　　　　　龙寿　　　　　　　　寿桃

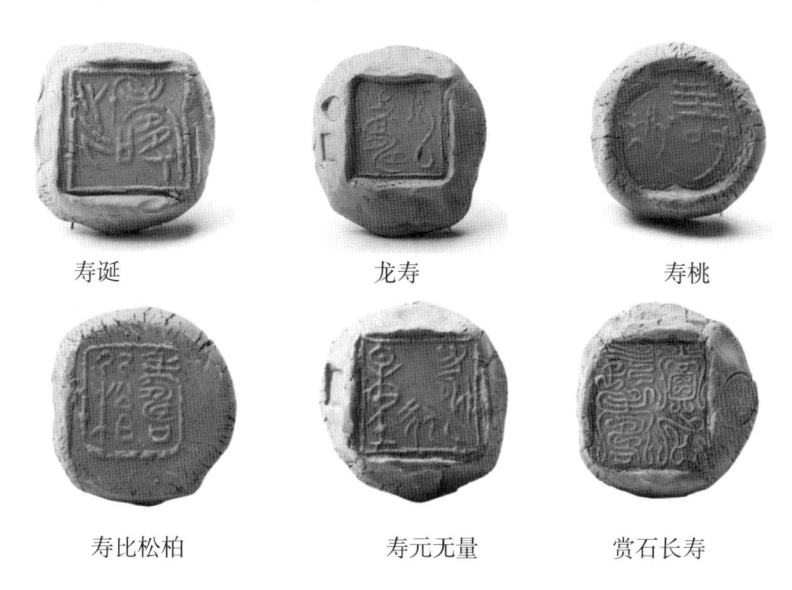

寿比松柏　　　　　　寿元无量　　　　　　赏石长寿

图 167　笔者带有创意性的封泥作品

"以宇宙人生的具体为对象，赏玩它的色相、秩序、节奏、和谐，借以窥见自我的最深心灵的反映；化实景而为虚境，创形象以为象征，使人类最高的心灵具体化、肉身化，这就是'艺术境界'。"[①]一个艺术项目工程的完成，有收获的喜悦，也有不足和遗憾。让人值得回味的、众人翘首称赞的，一定有其特点和优势，尤其是表达内容的积极向上和感染力、亲和力的俱佳。我们要有一个良好的心态去面对、去接纳。娱己娱人，服务时代，感念先贤，感念古人，当是大道。秦封泥艺术本身就是2200年前秦人的巅峰之作，我们今天要研究，要学习，更要继承创新，进而实现自我价值的超越。

---

① 宗白华：《美学散步：插图本》，上海人民出版社 2005 年版，第 120 页。

结语　秦封泥属性论新解

秦封泥是中国印章实用过程中的重要成果之一，是金石学研究的主要载体和对象。印章自春秋战国始，以最初的封物，到秦代大量开始封书，至汉代达到鼎盛，经历了萌芽、发展和辉煌三个时期。魏晋后，由于纸张的出现，印章封书被钤朱替代，成为那个时代珍贵的文化遗存。印章是源，封泥是流。其中最具代表性的秦封泥，具有六大属性。

第一属性，文书属性，是秦封泥的首要属性。秦代制定的文书封缄程式，让秦代的官印以实用和信用的双重身份，实现了艺术的再创造，这是历史性的启示与收获。因此说秦封泥是"秦代文书封缄制度的结晶"，是"秦代中央档案馆"。

第二属性，印章属性，是秦封泥的本质属性。秦封泥完整地再现了秦印模式，即"田"字格或"日"字格，填补了秦印面世少的缺憾。尤其是凹陷的阴文，变成了凸起的阳文，以至之后直至今天各政府机构的公章，都是阳文印章，成为引领时代的艺术华章。

第三属性，文字属性，是秦封泥的重要属性。封泥文字均再现的是那个年代的文字，如战国封泥大多是金文，秦代封泥是秦代小篆，汉代封泥是汉代摹印篆。特别是秦封泥文字那种劲秀挺拔、亭亭玉立的风格，正是秦人博大雄怀的真实写照。

第四属性，书法属性，是秦封泥的重要属性。不同时代的印文，形成不同风格的书风，即便是相同的印文，由不同时代的不同工匠书写铸造，反映到封泥上也不一样。秦封泥文字的书法价值，不仅体现在结体上，更重要的是在神韵上，彰显出秦代工匠的艺术风采。

第五属性，历史属性，是秦封泥的重要属性。一枚封泥，再现一位官职；一枚封泥，说明一段历史。有些是明证，有些是补充，有些填补了历史的诸多空白，如上雒丞印、商丞之印、栎阳丞印、废丘丞印、下邽丞印、芷丞之印等。

第六属性，地理属性，是秦封泥的重要属性。在诸多的郡县封泥中，一枚封泥，既是县名或古城名，又是地名或区域名；史籍中没有记载的，封泥中出现了，明证了一座古城的存在；地图上没有标识的，封泥中再现了，成为一个地方重要的证据。旱丞之印、底柱丞印即是代表。

秦封泥学的印章属性，是其最本质的属性，是最具代表性的，也是与印学研究关系最密切的。秦封泥突出的时代特征是其为官方正式颁定，出土于秦代皇宫，具有科学的考古价值，主要体现在以下三个方面：一是反映一个时代的文字文明；二是再现一个时代的官制设置情况；三是展示一个时代的工艺铸造水平。

综上所述，秦封泥学的本质属性是印章，如果没有印章的作用，丸泥，永远还是那块泥丸，丸得再多，丸得再好，也不具备历史、科学和艺术三大价值。正因如此多封泥印章属性的彰显，让秦封泥学的研究，从最初的考古界、学术界的专家学者的参与，到现在已成为印学家、篆刻家的最爱，成为目前中国封泥学术交流的前沿课题。

庚子岁尾于北京运洋山水

附录一

全国著名专家、学者对秦封泥评价摘录（2014）

20世纪末秦封泥的大发现，可以与云梦秦简的发现媲美，是秦汉历史、考古工作者做梦都不敢想象的收获。

——中国社会科学院历史研究所研究员　李学勤

这是秦汉历史、考古学及中国古代职官、地理研究的一次里程碑式的极其重大的发现，其中大量的问题需要一代人甚至几代人的好好消化、研究。

——秦始皇兵马俑博物馆名誉馆长、研究员　袁仲一

近年在西安北郊出土的秦封泥，是秦汉历史、考古学研究的空前收获。由此为契机，将带动秦职官、地理、用印制度、文字、秦汉都城等一系列重大问题的研究。

——西安美术学院博士生导师、中国艺术与考古研究所所长　周晓陆

90年代在西安大规模出土的秦封泥，是继秦兵马俑、秦简、秦木牍之后，秦地下文物的又一重大发现，具有重要的意义与重大价值。

——西北大学文博学院教授　黄留珠

新中国成立以来，各地陆续出土了一些封泥，但像西安相家巷村这样集中、数量大、品相好，又有科学考古资料补充发现的，是前所未有的。就其中资料最为完整最具代表性的西安中国书法艺术博物馆所藏的秦封泥来看，它对于研究秦汉之际的职官、地理、文字、书法、印玺艺术等均有十分重要的意义：一是提供了丰富的史料，填补了秦史研究的空白；二是提供了秦汉玺印与封泥的断代标准；三是为书法篆刻艺术工作者、古文字研究者，提供了宝贵的实物资料。

——西安中国书法艺术博物馆首任馆长、研究员　傅嘉仪

这批包括丞相之印在内的众多职官名的封泥的发现，是100年来封泥发现史上最为辉煌的一次。它的面世，对出土遗址性质的判明，以及职官、地理、文字等方面的研究都具有重大意义。

——西北大学文博学院教授　张懋镕

这批秦封泥的出土，可以说是秦汉史研究资料的空前发现，对于秦代官制官仪、典章及宫廷范围，甚至经济、文化、地理沿革等各方面的研究，均将有所匡益。

——西北大学文博学院教授　周伟洲

新发现的秦封泥中，有不少关于秦及西汉初期宦官制度的重要资料，又提出了有关新的课题，必将进一步促进秦汉宦官制度的深入发展。

——西北大学文博学院教授　余华清

新发现的秦封泥中的三种，为研究秦汉乐府制度的产生、发展、更变提供了新的资料，并可证秦乐府属太乐令而非少府。

——陕西历史博物馆原馆长、研究员　周天游

秦汉封泥就文字艺术来说，是秦代人一千年在使用文字当中形成的一种风格。封泥所反映的文字艺术手段是相当感染人的。封泥最为重要的价值在于对秦汉时期官制、地理的反映。封泥对于政治情况的表现是最为重要的。任何时代，政治都是最大的文化，应是美学和艺术的基础。

——南京大学客座教授、北京文雅堂总裁　杨广泰

西安相家巷这批秦封泥，涵盖了秦始皇"三公九卿"政治体制的各类官署，揭示了数十个失载的郡县、宫苑名称，揭示了许多与秦始皇及秦代文明相关的政治、经济、军事、文化内容，从而被考古界、史学界专家称为秦始皇批阅文书的遗物，是可以弥补《史记》《汉书》缺憾的珍贵文献。

——北京古陶文明博物馆馆长　路东之

1990年中后期，西安相家巷秦封泥的集中出土，不仅是20世纪秦代封泥最大规模的考古发现，也是有记录以来发现数量最多、品种最丰富的中国古代封泥发现，对秦代历史研究具有不可替代的学术价值。

——中国社会科学院考古研究所副研究员、阿房宫与上林苑考古队队长　刘　瑞

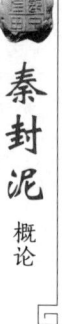

附录二

庞任隆秦封泥专题研究目录
（1996—2021）

1.《试论秦官印及其艺术特色》，载《文博》1996 年第 6 期（总第 75 期）。

2.《西安北郊秦官印封泥考》，载《篆刻》1997 年第 12、14 期刊发。

3.《秦国历史上的丞相》，载《说古道今》1997 年第 4 期。

4.《秦代文书封缄制度的结晶——西安北郊新出土秦封泥概述》，载《西安档案》1997 年第 6 期。

5.《秦封泥、竹简和绳子散论》，载《西安档案》1998 年第 2 期。

6.《西安北郊秦官印封泥续考》，载《篆刻》（印学研究）1998 年第 17 期。

7.《西安北郊新出土的秦封泥的印学意义》，载《中国书法》1998 年第 6 期。

8.《陕西千枚秦封泥的发现及其印学价值》，载《中国书画报》1999 年第 43 期。

9.《秦封泥的出土给当代文书档案工作的启示》，载《陕西档案》

1999 年第 3 期。

10.《略论西安北郊新出土的秦封泥的文化价值》，载《秦陵秦俑研究动态》1999 年第 3 期。

11.《关中秦时大量的竹简木牍哪里去了？》，载《说古道今》1999 年第 4 期。

12.《秦封泥与秦印的关系》，载《书法报》1999 年。

13.《秦封泥文字的书法价值》，载《书法》2000 年第 3 期。

14.《从秦封泥的发现看秦手工业的发展》，见《秦俑秦文化研究》，陕西人民出版社出版 2000 年版。

15.《秦代的"封泥"》，载《中国档案》2000 年第 9 期。

16.《一个由遗弃物组成的"秦代中央档案馆"》，载《中国档案》2001 年第 1 期。

17.《秦封泥官印美学初探》，载《篆刻》2001 年第 2 期。

18.《陕西为什么迄今尚未发现秦简牍书法档案》，载《陕西档案》2002 年第 5 期。

19.《陕西秦代封泥的文化艺术价值》，载《西安晚报》2008 年。

20.《见证秦代历史"三公九卿"封泥》，载《西安晚报》。

21.《秦郡县封泥的历史地理学意义》，载《文博》2009 年第 3 期。

22.《封泥印章艺术的探索和实践》，载《书法报》2009 年。

23.《西安中国书法艺术博物馆馆藏秦封泥的三境界》，载《书法》2009 年第 12 期。

24.《西安中国书法艺术博物馆馆藏秦郡县封泥的文化价值》，见《秦俑博物馆开馆三十年秦俑学第七届年会暨国际学术研讨会论文集》，三秦出版社出版 2010 年版。

25.《通过秦封泥和汉瓦当文字的对比窥探秦小篆书法传承研究的意义》，载《秦汉研究》（第四辑），2010 年。

26.《西安中国书法艺术博物馆馆藏秦封泥》，载《中国文物报》2013 年 5 月 8 日。

27.《秦封泥文物保护展示的实践与观察》，载《文博》2014年第4期。

28.《陕西秦封泥的美学意义——西安中国书法艺术博物馆馆藏秦封泥为例》，载《陕西文艺界》2014年第3期。

29.《秦封泥的学术价值》，见《人类文化遗产保护》，西安交通大学出版社出版2011年版。

30.《大秦信使》，载《西安日报》2015年7月24日。

31.《秦封泥文化再提升书法博物馆发展中的作用》，载《中国文物报》2016年1月19日。

32.《西安中国书法艺术博物馆馆藏秦封泥欣赏》（上），载《书法报》2017年3月22日。

33.《穿越千年大秦"密码"》，载《西安日报》2017年4月1日。

34.《西安中国书法艺术博物馆馆藏秦封泥欣赏》（中），载《书法报》2017年4月5日。

35.《西安中国书法艺术博物馆馆藏秦封泥欣赏》（下），载《书法报》2017年4月11日。

36.《从秦封泥"栎阳丞印"研究到临潼唐栎阳古城》，载《西安晚报》2017年4月30日。

37.《秦封泥在陕西文化建设中的地位和作用》，载《陕西文化遗产》2017年5月10日。

38.《秦封泥：一部用黄土塑就的美学史诗》，载《西安晚报》2017年6月18日。

39.《汉长安城遗址出土"上雒丞印"被确认为秦代封泥的科学依据》，2017年8月10日"商於古道——商洛历史文化国际学术研讨会"交流。

40.《秦封泥"栎阳丞印"，映照两个"栎阳城"》，载《西安文艺界》2017年第4期。

41.《秦封泥入藏西安中国书法艺术博物馆20年学术研究成果概述》，载《书法》2017年第10期。

42.《秦代封泥与西安丝路高地文化建设》，见《丝路历史文化研究》，陕西人民出版社2018年版。

43.《我心中的秦封泥》，载《陕西文化遗产》2017年第21期。

44.《秦封泥在陕西文化建设中的地位和作用》，载《长安雅集》（第一期），2018年版。

45.《从秦封泥"下邽丞印"，谈渭南"下邽"地名更替的意义》，2018年8月8日"大秦西安——渭南地区秦封泥历史文化学术研讨会"交流。

46.《秦封泥文字书法艺术》，2018年12月参加西安美术学院"中国古代封泥学术研讨会"交流；载《美术报》2019年3月2日。

47.《秦封泥中的"大西安"》，载《西安日报》2019年5月8日。

48.《我与"大秦封泥"》，载《中国书画报》2019年5月22日。

49.《秦封泥对中华文明的五大贡献》，载《三秦都市报》2019年6月13日。

50.《正本清源说"废丘"》，载《西安晚报》2019年6月16日。

51.《在虚实迷离中寻找大秦气象——拟秦封泥篆刻创作摭谈》，载《中国篆刻》2019年第27期。

52.《秦封泥与秦简牍》，载《中国书画报》2019年第30期。

53.《秦封泥与文书学》，载《中国书画报》2019年第32期；"副刊·话说秦封泥"栏目（连载之二）发表。

54.《秦封泥与秦刻石》，载《中国书画报》2019年第35期。

55.《秦封泥与秦诏版》，载《中国书画报》2019年第36期。

56.《秦封泥与秦官印》，载《中国书画报》2019年第37期。

57.《秦始皇制作兵马俑理论依据新说——由秦封泥"丽山飤官"与秦始皇陵的研究所想到的》，2019年9月24日参加秦始皇帝陵建院40年周年院庆暨国际视野下的秦始皇帝陵及秦俑学研究学术研讨会交流。

58.《秦封泥与长寿说》，载《中国书画报》2019年第39期。

59.《秦封泥与秦印陶》，载《中国书画报》2019年第40期。

60.《秦封泥与秦俑学》，载《中国书画报》2019 年第 41 期。

61.《秦封泥与书法学》，载《中国书画报》2019 年第 42 期。

62.《秦封泥与篆刻学》，载《中国书画报》2019 年第 43 期。

63.《秦封泥与地理学》，载《中国书画报》2019 年第 44 期。

64.《秦封泥与金石学》，载《中国书画报》2019 年第 45 期。

65.《秦封泥与历史学》，载《中国书画报》2019 年第 46 期。

67.《我爱"大秦封泥"》，载《中国书画报》2019 年第 49 期。

68.《泥团上面的秦代文字——冯宝麟、庞任隆关于秦代封泥研究的对话》，载《中国书画报》2019 年第 50 期。

69.《构建"秦封泥学"的探索与思考》，载《西泠艺丛》2019 年第 12 期。

70.《从秦封泥研究中体验"主题印"封泥制作的创新价值》，载 2021 年 2 月《书法》第 2 期。

71.《秦封泥价值略观——西安中国书法艺术博物馆藏秦封泥概述》，载 2021 年 5 月 11 日《中国书法报》第 18 期。

主要参考书目

1. 许慎：《说文解字》，中华书局出版1963年版。
2. 鲁迅：《汉文学史纲要》，人民文学出版社1973页版。
3. 宗白华：《美学散步：插图本》，上海人民出版社2005年版。
4. 安作璋、熊铁基：《秦汉官制史稿》，齐鲁书社1984年版。
5. 吴幼潜：《封泥汇编》，上海古籍书店出版社1984年版。
6. 丁登山：《自然地理学基础》，高等教育出版社1988年版。
7. 司马迁：《史记》，岳麓书社出版社1988年版。
8. 曲万法、孔令纪、刘运珍等：《中国历代官制》，齐鲁书社1993年版。
9. 李泽厚：《美的历程》，安徽文艺出版社1994年版。
10. 王国维：《简牍检署考校注》，上海古籍出版社2004年版。
11. 付海翔：《陕西新出土古代玺印》，上海书店出版社2005年版。
12. 傅嘉仪：《秦封泥汇考》，上海书店出版社，2007年。
13. 周晓陆、路东之：《秦封泥集》，西北大学出版社2006年版。
14. 西林昭一：《新中国出土书迹》，文物出版社2009年版。
15. 王惠贞：《文物保护学》，文物出版社2009年版。
16. 庞任隆：《中国书法简史》，陕西旅游出版社2012年版。
17. 时胜勋：《中国艺术话语》，中央编译出版2014年版。
18. 庞任隆：《秦封泥研究》，陕西人民美术出版社2015年版。